ねりグル
ディープ

NERIMA GOURMET
DEEP

ねりグル編集部 編

練馬区でグルメ探索

　72万人超の人口を誇る緑豊かな地域の練馬区には、80の商店街が組合として存在している。
　古くは板橋区として広大な地域のなかにあったが、終戦後に独立、練馬区となった。もともと旧板橋の地域には、創意工夫のものづくりが得意な地域民性があったと言われる。道具から機械へと発達したイギリス産業革命があったように、この地域にも「ものづくり」を通じ、市民が利便性、豊かさを追求していた背景があった。
　技術を習得すると、それを磨き、発展させることが得意なこの地域民性は、板橋区からの独立によって、工業製品に関わるものづくりの板橋区とは違い、広大な農地と土壌を活かした食に関わるものづくりを中心にと、棲み分けられた傾向がある。
　創意工夫が培われた区民性は練馬区という大地を活かし、食のものづくりで発展と進化を遂げる。それはたとえば、大根を栽培し、売り物にならない大根を漬物加工して「たくあん」に代表される漬物食材に、といったように…。余さず捨てずの理念のもと、食に対して知恵を絞り、いつの間にか有効活用と美味の両立をめざしていたのである。
　そう、歴史的背景からみても、練馬区は食文化との親和性がとても高い風土を持ち合わせている地域といえる。
　食に対する創意工夫は、やがてそれらを振る舞う外食文化を

へ出かけてみよう！

築き、今日のような飲食を中心とした街の発展となっていったのであろう。その流れは脈々と受け継がれ、この地域でこだわりを持った飲食店を出したいと、全国あるいは全世界から食の職人が集まるプラザとなった。食材、価格そしてサービスにこだわり、競いながら創意工夫でおもてなしをする。今の練馬区は、そんなお店がひしめくディープなグルメ地域なのだ。

　かつて練馬区の食通は、中華料理を食べたいと思えば横浜中華街へ、活きのいい刺身や寿司が食べたいと思えば伊東や伊豆、沼津港へ出向き、あるいは川崎、大久保へ焼肉をわざわざ食べに行くといった行動をとっていた。しかし、もはやそれは今や昔のこと。練馬区の食の職人たちは、そのバイタリティある行動力と知恵で、大きな移動をともなわずに区民を満足させ、地産地消で事足りる環境に変えてくれた。そればかりではない。他地域、他県から食通たちを惹きつける力をもつけている。そんな練馬区内の魅力的でディープな「食ブラ」を楽しまない手はない。

ねりグルディープ統括編集長
田中　潤（練馬区民歴 46 年）

本書のご利用方法

ご注意

　ここで紹介しているお店以外にも、練馬にはたくさんの「いい店」「イケてる店」「ホッとさせてくれる店」そして「嬉しい店」がたくさんあります。誌面の都合上、そのなかから練馬区内にお店があり、大手チェーン店や他地域多店舗運営されていないお店を編集部で選ばせていただきました。編集スタッフが美味しいと足繁く通うお店でも誌面の都合上、掲載を見送らせていただいたお店もあります。また、ラーメン専門店およびテイクアウト中心のお店は本書では掲載しておりません。

　本書は、読者により多く練馬区のお店に足を運んでもらうため、紹介しているお店にお願いして、各種の割引等のサービスを提供していただきました（各店でサービス内容は異なります）。その各種割引等サービスには**お店単位での運用に任せてあります。あらかじめお問い合わせください。**詳しくは本書ホームページ http://www.arimine.com で閲覧できます。

　本書は地域別で掲載しています。掲載順は練馬区東部から西部となっており、中野区、豊島区、新宿区に近い側から掲載しています。また、巻末のバス路線、コミュニティバス路線で、お店の近くまで行く方法もありますので、ご参照ください。

　本書のお店紹介のページには、下段に各種割引等のサービスを受けた「スタンプ欄」があります。本書1冊につき、各店舗1回のサービスが受けられます**（サービス運用については各店でご確認ください）**。但し、サービスは予告なく変更、または中止・終了となる場合がありますので、必ずご注文前に、あらかじめ本書をご提示いただき、サービスの提供の可否をご確認ください。なお、本書の提示がない場合は各店の割引等サービスは受けられませんので、ご注意ください。

　お店とのトラブルに関しては、本書および編集部、出版元は一切関知できませんのでご了承ください。

　練馬区で新たな食の発見を堪能していただくことを楽しみにしています。

menu 01

a gourmet of Nerima

練馬区最東端に位置！旨いと評判の老舗中国料理店

中国料理　知味斎

東長崎駅

写真はランチメニューの「紋甲イカの四川風辛し炒め」（820円）。ランチは一品小皿とスープが付くお値打ちもの。また週替わりではあるが、「豚肉と高菜の炒め」「エビと玉子の炒め」「豚肉とザーサイの炒め」の週はとくに人気だ。他にも「鶏そば」、「坦々麺」といった麺類、「チャーハン」（すべて770円）など、人気のメニューが豊富。この店を知ってから、横浜中華街までわざわざ出かけるのをやめたという常連客もいるほど。

向かいが豊島区、後ろが中野区・新宿区と、池袋から見て練馬区の先頭に位置する飲食店がこの店だ。都心から見て練馬区に入った最初のお店という使命を背負っているわけではないが、36年続く同店の料理は今も人気が高い。中国料理の四大系統のひとつ四川料理を提供するこの店では、ランチは週替わりのメニューが2つ。好みのメニューが重なると週2回、3回と通うお客さんも多い。また「鶏そば」、「牛肉角煮中華丼」や「坦々麺」、夏では「ジャージャー麺」も人気。足で稼ぐ取材が足りないのか、数あるグルメ本で紹介されていなかったのが不思議なぐらい。

中国料理　知味斎

チュウゴクリョウリ　チミサイ

西武池袋線　東長崎駅・江古田駅　大江戸線　新江古田駅　徒歩8分　練馬区旭丘1-1-1

電話03-3952-8268　営業時間　ランチタイム11:30〜14:30　ディナータイム17:00〜21:00　休木　P無（近くにコインパーキング有）　席30席　喫煙不可　カード可　予約可

lunch

ランチタイム1回　杏仁豆腐デザート無料サービス

menu 02

a gourmet of Nerima

江古田で30年！山形牛の一頭買い、手作り冷麺、ユッケと話題の食を提供する店

焼肉ハウス

江古田駅

おススメは平日限定の上カルビ、上タン、上ロースに小鉢とサラダ、ワンドリンクが付く「超得々セット」（2980円）。山形牛の甘味ある肉質の良さが堪能できるセット品だ。また黒毛和牛のユッケ（1480円）は、鮮度の高さと安全管理ができる環境だからこそ許可を受けたという、この店の売りのメニュー。家族連れ、仕事の仲間と会話と食を楽しむ地元の空間として人気が高い。

地元で長く続く有名店がここ「焼肉ハウス」だ。店主は地元江古田の出身。こだわるのは食材の良さと鮮度の高さ、それに手作り品の提供である。山形牛の一頭買いは長年この店で続く伝統の仕入れ方で、それを甘味ある肉汁の旨さが引き立つような切り方と下ごしらえで提供する。内臓系では当日ものにこだわり、鮮度の高いものだけを出す。また冷麺やコチジャンも材料をそろえて、一から手作りする。さらに昨今厳しくなった生肉も、保健所の許可を受けて提供できる数少ない店としても話題だ。夏はキンキンに冷えたジョッキに注がれた生ビールで肉を堪能するお客さんで行列が。

焼肉ハウス
ヤキニクハウス

西武池袋線　江古田駅　徒歩1分　練馬区栄町4-8

電話03-3992-0029　営業時間　17:00～24:00(LO23:30)　日祝16:30～23:30(LO23:00)　休 年中無休　P 無　席 40席　喫煙 可　カード 可　店主 江古田出身　予約 可

menu 03

a gourmet of Nerima

この地に５０年以上！引き継がれた味と粋を惜しみなく提供
Foods&Bar Lisbon

江古田駅

「懐かしのナポリタン」（900円）は常連さんたちがSNSを通じて広めてしまった逸品。また、はじめての来店客でも注文することの多い「マグロのカルパッチョ」（800円）が人気。ほかにもキュウリの創作料理や生ハムなど、多様なアレンジメニューがお客さんを楽しませてくれる。

ここリスボンは江古田駅にある老舗のひとつ。大昔は喫茶店で賑わっていた。その後建て替えたビルが竣工し、地下１Ｆに居を構えてからでもすでに３０年が経つ。3代目となる現店主は、店内を囲むカウンターバー形式でジャズ中心の音楽を聴きながらお酒と創作料理を楽しめる店に変貌させた。ここの料理は洋風、和風問わず、お酒との相性で創作されているから、その一品がユニーク。鮭チャーハンやアレンジおにぎりなどのシメもしっかりと用意されている。夜遅くには常連たちがやってきて、今日の話題に花が咲く。

Foods&Bar Lisbon

リスボン

西武池袋線　江古田駅南口徒歩1分
練馬区栄町3-8

電話 03-3991-0382　営業時間 18:30〜26:00　休日 P無　席 20席(カウンター形式)　喫煙 可　カード 不可　店主 開進三中出身

dinner

ディナータイム１回
グラスビール、カクテル、ソフトドリンクお好きなものを一品無料サービス

menu 04

a gourmet of Nerima

「こんな店が欲しかった」と地元住民が喜んだ！肉料理を出す明るい雰囲気の居酒屋
Hot Pot Kitchen
江古田駅

写真の「山形牛イチボ（モモ肉）」（1280円）をはじめ、山形牛ステーキの種類は豊富。「山形牛はいじる必要がなく、シンプルに塩と胡椒で味付けすれば、肉の脂の甘さが料理の旨みを出してくれる」とは店主。メニューには流行りの熟成肉もあり、こちらは静岡産の短角牛を使用。またハムやチーズにもこだわり、世界各国のビールやワイン、カクテルと合わせて楽しむお客さんも多い。店内には女性の常連一人客も。

「肉バル」をテーマにしたこのお店はオープンして2年。肉バルとは、肉料理を出すBAR。スペイン語でBAR（バー）はバルと読み、地域の喫茶、憩いの場、居酒屋を兼ねるお店をさす。「誰でも気軽に入れる明るい店をつくりたかった」という店主は、それまでは川越で焼肉店を経営していた。ここ江古田では学生や女性でも、気軽にひとりごはんが食べられるように、欧風テイストの雰囲気にこだわった。それゆえにステーキを食べないでつまみで一杯飲んで帰る人、お酒を飲まずに食事のみで帰る人と、客層はさまざま。地元住民のスタイルを尊重してくれている。

Hot Pot Kitchen
ホットポットキッチン

西武池袋線　江古田駅北口　徒歩1分　練馬区小竹町1-57-2

電話03-3974-9110　営業時間 ランチタイム 11:30～14:00まで入店可　ディナータイム17:00～24:00(LO23:30)　休 年末年始　P 無(近くにコインパーキング多数)　席 26席　喫煙 可　カード 不可　予約 可　店主 川越市出身

ディナータイム1回　グラスドリンク1杯無料サービス

menu 05

a gourmet of Nerima

カロリーとバランス食にこだわる女性に人気の食堂！

ロマンス食堂

江古田駅

ここの大人気メニューの「海鮮丼」（７００円）は築地直送の新鮮な魚をふんだんに使った絶品もの。ほかにもカロリー控えめのバランス食が旨さをともなって豊富。オープンして１年と若い店だが、明るく賑やかさのある店内が、この江古田駅周辺とのマッチングがいい。

それにしても、食堂とは旧くて新しい表現だ。お洒落な店名が多いなか、食堂と名づけるには勇気がいる。が、オーナーが「さまざまな出会いの場」となる意で付けられた店名と料理の味に魅せられ、女性客がひとりで来店し、一杯飲みながら食を楽しむ姿も多くみられる。店長は１６歳より割烹で修業し、「チューボーですよ」などＴＶ出演歴がある腕前。築地での仕入れに重点を置き、味と低カロリーの両立を考えた食を提供。２０歳からはじめたムエタイのために試合前の減量メニューを考えたことから、カロリー控えめのメニューが豊富だ。ちなみに現在、店長はムエタイ全日本チャンピオンである。

ロマンス食堂
ロマンスショクドウ

西武池袋線　江古田駅南口　徒歩2分　練馬区旭丘1-71-4

電話03-3565-1712　営業時間 ディナー　17:30～24:30(L.O)　休日　P 無
席 11席　喫煙 不可　カード 可　店長 品川区出身

dinner

ディナータイム1回
築地直送の海鮮丼注文でSETみそ汁を特製あら汁に変更

menu 06

a gourmet of Nerima

出された注文メニューを自分で調理する異色の定食食堂

肉屋の定食屋　ふくふく食堂

江古田駅

「焼肉チキン定食」（650円・写真）をはじめ、「豚肉のスタミナ焼き」（800円）、「国産牛肉のすき焼き」（1000円）とボリュームある定食がたくさん。すべてごはん（コシヒカリ使用）とサラダ、味噌汁付きの価格だ。人気は「牛サイコロステーキ」（850円）と「国産牛スタミナ焼き」（900円）。コスパの良さも手伝って、14席のカウンターには、次から次へとお客さんが入る。

この異色の定食食堂は江古田にある。注文すると定食が出てくるが、メインは調理がされていない。それを目の前にあるIHを使って自分で調理する。これで一人焼肉、一人鍋、一人ステーキなど自由度が高まる。また半はセルフにすることで、トッピングを加えるなど「自己流」を楽しめるのも特長だ。オープンして2年となるこの店は、自分のペースでアツアツの料理を楽しむことをシステム化。焼き具合、味付けそして食べるペースは人それぞれ。素材さえ納得できるものを提供すれば、あとはお好みでという焼肉店の要素を手軽化した目新しさがある。

肉屋の定食屋　ふくふく食堂
ニクヤノテイショクヤ　フクフクショクドウ
西武池袋線　江古田駅南口　徒歩5分　練馬区栄町1-13
電話 03-6914-8293　営業時間 11:30～23:00　休 不定期　P 無（近くにコインパーキング多数有）　席 14席　喫煙 不可　カード 不可

オールタイム1回　生卵or温泉卵orサラダ　お好きなものを一品無料サービス

menu 07
a gourmet of Nerima

築地厳選仕入れと創作へのこだわりが引き立つ海鮮食処！

海鮮くらぶ　相棒

新桜台駅

ランチメニューの「刺身の三点盛り定食」(820円)は定番好評メニュー。店主が朝早くから出向く築地仕入れが嬉しい。夜はお酒とともに、海鮮を中心としたどんぶりもの、鶏の串焼きもの、美味しいドレッシングで食べるサラダやカマ焼きが人気。またお酒の後のシメとしてほどよいサイズの「鹿児島ラーメン」(400円)やおにぎりなども揃う。ちなみに常連客は店主の「今日のオススメ」を「必ず注文する」そうだ。

新桜台駅から地上に上がってすぐのところにある海鮮くらぶ相棒。座敷、テーブル、カウンターと最大45席を用意する店内には、威勢のいい店主の声が響き、気持ちのいい雰囲気が漂う。店主はバイクで朝4時には築地に入り、仕入れるネタにこだわる。お客さんに質のよいネタで食事を楽しんでもらうための苦労がうかがえる。だから相棒の刺身はいつも大好評。夜はお酒を楽しみながら、マグロ中心の料理を堪能する常連客も多い。特筆はおにぎり、小ぶりのどんぶりや鹿児島ラーメンといったいわゆる「シメ」の一品も用意されていること。酒と食そしてシメと、ワンストップで楽しめるのが嬉しい。

海鮮くらぶ　相棒
アイボウ

西武有楽町線　新桜台駅徒歩0分　西武池袋線　江古田駅北口　徒歩6分
練馬区栄町18-12

電話 03-5999-5977　営業時間 ランチ 11:30〜14:00　ディナー 17:30〜23:15
休 日・祝　席 45席(カウンター、テーブル、座敷の合計)　喫煙 可　カード 不可　予約 可
店主 京都府出身

---

dinner

ディナータイム1回　まぐろ山かけ一品無料サービス

※土・日・祝日は利用不可

menu 08

a gourmet of Nerima

落ち着いた雰囲気で本格的中国料理を食す！

中国料理　茶平

新桜台駅

来店すると、まず広々とした店内に驚かされる。そして豊富なメニューにさらにビックリ!!　そのなかから、女性に人気の大正海老マヨネーズ２０００円（Mサイズ・中央)、男性に人気は青菜炒飯９５０円（左)、そして練馬野菜を使ったパリパリギョーザ７００円（右）は評判が高い定番メニュー。自然食材を天然調味料で味付けする手法の料理に納得！

有楽町線新桜台駅5分と駅至便立地にある中国料理茶平（チャッペイ)。この店の前身は、昭和５０年代に地元では一世を風靡したメキシコ料理店「ドライブインＭＥＸＩＣＯ」。入口に炎の卓上を構えた人気のお店で、東映撮影所の帰りの大物役者、俳優・女優が多く訪れ、「ミートパイ」を地元に広めた有名店。その立地に2代目社長が展開したのが中国料理だ。料理の質の高さ、３０台収容の駐車場そして最大１４０人収容できる店内と、どれをとってもスケールが大きいが、量販店の感覚は一切感じないおもてなしが嬉しい。地元の人だけでなく、今でも他地域に住む有名人たちも遠くから訪れている。

中国料理　茶平
チュウゴクリョウリ　チャッペイ

| 西武池袋線 | 桜台駅南口 | 徒歩5分 | 西武有楽町線 | 新桜台駅徒歩5分練馬区桜台1-1-5 |

電話03-3993-7337　営業時間　ランチ　11:30～14:30(L.O)　ディナー　17:00～21:40(L.O)　休　12月31日・1月1日のみ　P 30台　席　1F70席　2F70席(最大140名)　喫煙 不可　喫煙スペース有　カード 可　予約 可　店主 開進三中出身　地元歴60年

ディナータイム　2名以上の利用でデザート無料サービス
（マンゴープリンまたは杏仁豆腐）

※土・日・祝日は利用不可

menu 09

a gourmet of Nerima

「もてなす」とは何か。この店の答えは「すべて自家製にこだわる」である!

CARO

桜台駅

ここの特長は常連客を含め、「飽きさせない」工夫。毎日1時間かける手書きのメニューは変化の連続である。「天使のエビと炙りアボガドのトマトクリームスパゲッティーニ」(1500円)は変化のあるメニューのなかでもリクエストの多いパスタ。手間をかけた味に納得のお客さんも多い。女性の一人客も多く、なかにはこの店の雰囲気が好きで、ドリンク一杯飲みに来たとう人も。

将来、母親たち姉妹でお店でもやればいいと、当時、祖父がこの店の内装を手がけたが、祖父の死後に売却。孫にあたる現店主は5年前、思い入れのあるこの場所をあえて選び、開業した。店主はミシュランガイド常連店「カチャトーレ」で修業、料理長まで務めた実力派。その後も数々のシェフ経験を積んできた。お店をオープンするにあたり、「おもてなしをする」とは何かを突き詰め、自家製へこだわる店という答えを出したCARO。料理の生地から自家製はもちろん、デザートそしてメニューづくりまで、毎日が手づくりの連続なのだ。

CARO

カーロ

西武池袋線　桜台駅南口　徒歩3分　練馬区豊玉上2-13-11

電話 03-5912-8588　営業時間 ランチタイム　11:30〜14:30(LO13:30)　ディナータイム17:30〜23:00(LO22:00)　休 月　P 無(近くにコインパーキング多数有)　席 24席　喫煙 可　カード 可　予約 可　店主 板橋区出身

dinner

ディナータイム1回
食後のコーヒーor紅茶または自家製アイスを無料サービス

menu 10

a gourmet of Nerima

不思議な入口から広がる店内で鶏料理を堪能する！

とりとやさい梁

桜台駅

季節の野菜を使った物菜や比内地鶏、佐賀直送の鶏刺しなど、鶏と野菜にこだわったメニューがずらりと並ぶ。写真は「ふわとろ卵の親子丼」（850円）で、鶏と卵の絡みが絶妙の逸品。また鶏つけ麺もつけ汁の変化が楽しめると評判。ディナータイムでは女性ひとりで食事を楽しむお客さんも多い。

アパートのような入口を上がってくと、そこには明るい店内が広がる。和食を中心に修業した店主が桜台に開業して3年半。店名は家の梁（はり）のように地域を支えられる重みある店にという思いから名づけられた。店名の通り、鶏と野菜を中心の料理を提供する。そのこだわりは季節の野菜をたっぷり使った一品や、比内地鶏など国内名産地の鶏料理を堪能でき、店のつくりだけでなく、料理でも感動させてくれるから嬉しい。また季節ごとに日本酒を入れ替えるといったアルコールメニューにもこだわり、お客さんを飽きさせない。

とりとやさい梁
トリトヤサイリョウ

西武池袋線　桜台駅南口　徒歩0分　練馬区桜台1−4−15　2F

電話 03−5946−9778　営業時間 ランチタイム　11:30〜14:00　ディナータイム18:00〜24:00(LO23:00)　休 火　P 無（近くにコインパーキング有）　席 8席　喫煙 おまかせ　カード 不可　予約 可　店主 豊島区要町出身

ランチタイム　親子丼・鶏つけ麺どちらかを500円で
ディナータイム　会計10％割引

14

menu 11

a gourmet of Nerima

おすすめは懐かしのカネロニとキノコパイ
オードブルハウス　ローズマリー
桜台駅

イタリアン料理店でも今やこの「カネロニ」（800円左）メニューを出す店は珍しい。味は懐かしさを感じさせるトマトとミートのコラボ。一方、たっぷり肉と野菜が入ったビーフシチューに、同時焼きしたパンがで覆われた「キノコパイ」（980円右）は老若男女問わず人気の定番商品。とにかく料理が大好きなマスターのおすすめは古くて新しさを感じさせてくれる料理ばかり。

西武池袋線桜台駅0分の立地にあるイタリアン料理のローズマリーは37年の歴史を持つ老舗。1970年はじめ、私鉄沿線では珍しかったイタリアンレストラン「ハニー」の店主だったオーナーが、その後に同じビルの2Fにオープンしたお店。狭い店内ながらカウンター8席、テーブルは最大22名を収容。主婦やサラリーマンをはじめ、クリエーターや作家などの業界人も多数来店。年齢層を問わず、和気あいあいとした時間を過ごせる。マスターの食へのこだわりと会話が楽しめる癒しの穴場空間として人気がある。

オードブルハウス　ローズマリー

オードブルハウス　ローズマリー

西武池袋線　桜台駅北口　徒歩0分　練馬区桜台1-9-3

電話 03-3948-2749　営業時間 ランチ　11:30～13:30（ランチメニューがなくなり次第終了）　ディナー 17:00～23:00　休日・祝　P無　席 30席（最大）　喫煙 可　カード 不可　予約 可　店主 宮崎県出身 地元歴44年

 lunch   dinner

ランチタイム　840円→500円（日替わりのみ）
ディナータイム　飲食料金の10％割引

menu 12

a gourmet of Nerima

日本の豊かな食材で作る本場仕込みのイタリアン

Italiano.

桜台駅

鳥取和牛の炭火焼（4800円税別）。食肉業界で今、注目をされる「万葉牛」を使用。関東ではここでしか味わえない和牛は、噛むほどに赤身肉の旨味が溢れ、赤ワインソースとも相性抜群。店のテーマカラーである青を基調とした店内は、エミリア・ロマーニャ州の伝統工芸品「スタンパ・ロマニョーラ」のクロスが印象的。イタリアでプロフェッショナルソムリエを取得したシェフの奥さんがセレクトするワインも130種類以上ラインナップ。

2014年7月の開店以来、予約が絶えないと評判のお店。店名のイタリアーノは、もちろんイタリア料理という意味。その後に点（プント）をつけることで、純粋なイタリア料理を提供するということ、そしてその後の可能性を表現しているんだそう。平山勇オーナーシェフは、イタリア各地で2年半修業した後、鳥取県が運営する新橋の「Osteria Monte Mare Tottorine」で料理長を務め独立。鳥取の食材をはじめ、日本の食材をふんだんに用い、現地で愛される純粋なイタリア料理に仕上げる。注目度が高く、早くも練馬を代表する名店の仲間入りを果たした新店だ。

Italiano.

イタリアーノプント

西武池袋線　桜台駅北口　徒歩3分　練馬区桜台1-44-5

電話　03-6914-7580　営業時間　ランチタイム11:30～13:30(LO)　ディナータイム18:00～21:00(LO)※土日祝は17:00～　休　火、祝は翌日　P 無　席 26席(最大)　喫煙 不可　カード ディナータイムのみ可　予約　可

ディナータイム　突き出し料理1皿無料サービス

menu 13

a gourmet of Nerima

ミシュランガイド「ビブグルマン」にも選出！

Maruyama

桜台駅

「季節野菜とホタルイカのソテー」（1600円税込）。青ダイコンや京ニンジンなど、家庭ではあまり使わないような珍しい野菜がてんこ盛り。素材の持ち味が生きる調理法で煮たり焼いたりした野菜とホタルイカを合わせた春らしい一皿は、炒めたベーコンと魚のだしでとったコク深いスープも絶品！ 隠れ家のような雰囲気の店内は、テーブル席のほか、奥に座敷があり、フレンチを味わいたい子ども連れのママたちも訪れる。

銀座や麻布など、都内の数多くのフランス料理店でシェフ経験がある丸山勉さんが腕を振るうフレンチレストラン。5000円以下のコースやアラカルトを提供する名店が掲載される「ビブグルマン」に2年連続で紹介されていることでも知られる。ランチ営業があるにも関わらず、週2〜3日は築地に赴き、旬の鮮魚や野菜を目利きして仕入れるというこだわりよう。5〜12月は長野県伊那市の契約農家から届く野菜をふんだんに使い、彩りあふれる料理に仕上がる。9〜2月は、真鴨や野ウサギ、イノシシなど種類豊富なジビエ料理が登場する。

Maruyama
マルヤマ

西武池袋線　桜台駅北口　徒歩1分　練馬区桜台1−5−12 丸吉ビルB1F

電話 03−5946−9501　営業時間 ランチ11:30〜13:30(LO)　※土日祝はLO14:00　ディナー17:30〜21:00(LO)　休 月(祝は翌日)　P 無　席18席(最大)　喫煙 不可　カード 可　予約 可

menu 14

a gourmet of Nerima

練馬初のオイスターバーが New オープン！
NERIMA OYSTER BAR
桜台駅

希少価値のある岩牡蠣（時価）。たっぷりと艶やかな身を口に含むと磯の香りが口いっぱいに広がる。店で提供される牡蠣は「日本かきセンター」のものだけを使用。このセンターは、国の基準以上に厳しい独自の安全ラインを設けて、安全な牡蠣だけを扱っていることで有名だ。店内にはワインケーブがあり、自分でワインボトルを確認しながら選べる。奥には8人用の個室もあるので、家族連れや女子会にも。

料理をゆっくり楽しむにはピッタリ、と桜台商店街の落ち着いた雰囲気に惚れ込み出店を決めた鈴木オーナー。「牡蠣は寒いときに食べる"真牡蠣"のイメージが強いですよね。でも"岩牡蠣"のシーズンは3月から9月で、実は1年中楽しめるんです。そのことをもっと世の中に広めたい」。存分に牡蠣を味わってもらうために、ワインや日本酒は1杯300円（税別）から提供、40種類のボトルワインは全て1800円（税別）という価格設定も見事。料理には、出来る限り地場の野菜を使い、練馬ならではのメニューも徐々に増やしていくそう。

NERIMA OYSTER BAR
ネリマ　オイスター　バー

西武池袋線　桜台駅北口　徒歩2分　練馬区桜台1-6-7

電話 03-6915-8641　営業時間 ランチタイム　11:30～15:00　ディナータイム　17:30～23:00　休 火　P 無　席 35席(最大)　喫煙 不可　カード 可　予約 可

menu 15

a gourmet of Nerima

ひたむきな店主の情熱がおでんに革命を起こした！

おだしや

氷川台駅

写真は「白はまぐりのガーリックバター」（380円）。貝のエキスに店主自慢の御出汁がほどよく混ざり、思わずうなってしまう美味しさ。しかもその御出汁にパンをつけて食べると、さらに驚くほどの旨い。また御出汁を使った麺類やごはんメニューもあり、一品からシメまで揃う。おでんが屋台中心から店舗型移行した流れは、この店の創作おでんで知る奥深さで理解できる。

「おでんとは何ぞや？」このお店で出される創作おでんを食べてみると、今まで思っていたおでんの考え方が変わってしまう。その訳は店名の通り、この店のキモである「御出汁（おだし）」にある。広島出身の店主は他店でのおでん修業を経て、ここで開業した。立地はお世辞にも良いとは言えないが、店主は「修業した店も立地が悪かったですね。ボクもそこにお店の魅力を感じた」と、駅近い好立地をあえて避けた。ずばり、味で勝負する店なのだ。事実この店の来客は近所に住む人に比べ、この店を出て電車に乗って帰宅する人の方が多い。

おだしや
オダシヤ

有楽町線　氷川台駅　西武有楽町線　新桜台駅　徒歩10分　練馬区桜台3-29-19

電話03-6796-8344　営業時間 ディナータイム18:00～24:00(日・祝23:00)
休 木　P 無(近くにコインパーキング有)　席 18席　喫煙 可　カード 不可　予約 可
店主 広島県出身　広島東洋カープファン

ディナータイム　おまかせ5品1280円→1000円

menu 16

a gourmet of Nerima

地元契約農家の野菜を使ったヘルシーメニューを住宅街に佇むお洒落なお店で！

創作料理　MOKO

桜台駅

写真はランチタイムの「豚ヒレのチーズカツレツの和セット」(1598円)。上品に仕上げられた盛り付けが美味しさを誘う。ディナータイムの定番人気おつまみは「茄子のはさみ揚げ」(594円)。創作ご飯もの、パスタ、ピザなどなど、ここは地元産の野菜を使った和洋折衷の創作料理メニューがたくさんあるのだ。

2014年4月に新江古田から移転し、リニューアルオープンしたMOKO。もとは店主の母親がケータリングからはじめ、地域での店舗展開に発展したお店。この地は店主の地元で、閑静な住宅街に佇む雰囲気の良いお店づくりが店主の理想だった。契約農家から仕入れる野菜を使い、ヘルシーメニューを提供するのがここの売りだ。その素材の良い料理を楽しみに、女性客や家族連れが多く訪れる。またディナータイムにはピザ・パスタをはじめとした創作料理を豊富な種類のお酒と一緒に楽しむこともできる。

創作料理　MOKO
ソウサクリョウリ　モコ

西武池袋線　桜台駅　有楽町線　氷川台駅　徒歩7分　練馬区桜台5-38-16
電話03-3993-8338　営業時間 ランチタイム　11:30〜14:00　カフェタイム 14:00〜17:00　ディナータイム　17:00〜22:00(L.O21:00)　休 木
P 無(近くにコインパーキング多数有)　席 25席　喫煙 不可　カード 不可　予約 可

ディナータイム　ソフトドリンク一杯無料サービス

menu 17

a gourmet of Nerima

無国籍料理を世界のアルコール・カクテルと！
CAFE CASAS

氷川台駅

イタリア産高級生ハムを使用した「プロシュット」（右712円税込）、インドネシア・マレー料理の定番「ナシゴレン」（左1047円税込）はアジア旅行したくなる雰囲気十分！そしてイラン産ドライナツメヤシにナッツを挟み、ベーコンで包んだ「デーツのピンチョス」（奥572円税込）は絶品で、ついついお酒が進んでしまう。

美人姉妹が無国籍料理でもてなすバー風のカフェがここCASASだ。海外を含め、さまざまな地域から食材を取り寄せ、それを日本人好みにアレンジして料理を提供。ディナー＆バータイムでは、それらの創意工夫された料理を、豊富なドリンクメニューとともに選んで楽しめる。ビア、ウイスキー、ジン、ワイン、フィズ、テキーラなどいろいろなベースでカクテルと一緒に食すのはいかが？

CAFE CASAS
カフェカサス

有楽町線　氷川台駅　徒歩0分　練馬区氷川台3−36−5

電話03−3934−6652　営業時間 11:00〜18:00(ランチタイム12:00〜14:00)　18:00〜2:00(ディナー＆バータイム　※金・土は3:00まで)　休 水　P 無　(近くにコインパーキング多数有)　席 カウンター13席＋ダーツスペース　喫煙 ディナー＆バータイム可　カード 不可　予約 可　店主 開進四中出身

dinner　　ディナータイム　ディナー＆バータイムの会計より10％割引

池上彰も通った
桜台の「おもちゃのすぎやま」と
食文化の関係

桜台という街は「人通りが少ない」「西武線沿線で取り残された町」などと嘆きの声がよく聞かれる。住宅街が多く、路線も西武有楽町線「新桜台駅」、有楽町線「氷川台駅」と3駅に増えたため、かつて桜台駅しかなかった時代に比べて、人の流れは明らかに分散した。そのおかげで「静かな住宅街だが、閑散とした街」と、いいのか悪いのかわからないようなイメージが浸透している。だが桜台には、文化と食に携わる「逸材」が集積していることはあまり知られていない。

文化面では漫画家を中心にアニメ制作者、音楽家や作家、イラストレーターやライターが今でも多く住んでいる。ちなみに仮面ライダーも桜台出身、池上彰も越境で開進三中に通い、桜台駅周辺を多く利用していた。これは桜台が輩出した文化ヒーローたちのほんの一例に過ぎない。

ここに住む文化人たちの多くは外食派である。閑散としているように見える街の雰囲気だが、文化人が夜な夜な、桜台や江古田方面にあるお店へ繰り出し、語りに癒しにくつろいでいる。彼らに聞くと、「ここは練馬駅周辺のように華やかさがない分、心地いい。それに食の旨い店が多い」と口をそろえる。あっさりと、それでいてちょっとゴチャゴチャした街並みを文化人が好むのも、新宿ゴールデン街や高円寺純情商店街に文化人たちがたむろすることから理解できる。

彼らの声を深堀りしてみると、この街で食に携わる「逸材」たちが多く浮かび上がってくる。たとえば駅前のフルーツはなぶさは、食材選定に厳しい老舗「紀ノ國屋」で修業した店主が見極めた果物が並ぶ。筆者がイチゴを買いに行ったとき、「今日のはやめとけ！」と言われ、別の果物を買って帰った。そのまま食べるか、加工するかによって、千里眼からの的確なアドバイスをもらえるのだ。

多店舗展開しているが、同じく駅前にある「ラーメン二郎」は連日の行列。その行列に並ぶ人に聞くと、食べて川越へ帰る人など、ここは「他の二郎と違う」と他地域に住む熱烈なジロリアンが途中下車

「おもちゃのすぎやま」（斎藤巧一郎著・小社刊）は桜台の駅前で58年間続いたおもちゃ屋のおばあちゃんと街の人にスポットを当てた写真集。日大藝術学部卒の写真家が街の本当の優しさを写真で表現した一冊だ。

する。これも食づくりの逸材が引き起こす現象だろう。

　またミシュランに絡む名店で修業したフレンチシェフの店やこだわりイタリアン店を展開する逸材もいる。建物の取り壊しでやむなく閉店した焼肉店「明月苑」のオーナー金子氏が目利きする肉とその調理方法は住民を虜にした逸話も残る。さらには閑静な住宅街のそば店やフレンチ系創作料理店、だしと創作にこだわるおでん店…と、立地に優位さのない場所で挑む食の職人ともいえる店主も多い。ここは私鉄沿線にもかかわらず、大都会でもなかなかめぐり会えない「食の職人」たちの宝庫なのだ。

　なぜここに逸材が集結するかは分からない。だが、そのヒントのひとつは街の「粋」ではないだろうか。ここには58年間続いた有名なおもちゃ屋があった。一日にできるくじ引きの回数とおもちゃを買う量に厳しかったこの店で、「ギャンブルと買い物のルール」を教えられた住民も多い。そう、おせっかいだが、他人にとって嬉しい人たちで形成されている街の粋。これこそが逸材を多く生み出す原動力のひとつに違いないのではないか。

「温泉掘るよ！」とオーナーが言っていたのは3年前のこと。そして2014年5月に温泉付き大衆浴場としてオープンした久松湯。マスコミでの紹介も多く、平日、休日問わず桜台に人が集まる。帰りは地元で一杯やってね！

menu 18

a gourmet of Nerima

一軒家でゆっくりと食事を楽しむ！「気持ちもカラダも落ち着く」と評判のお店

palette814

平和台駅

人気のメニューはズバリ、店名でもある「パレット」（1300円）。大きなパレット型のお皿に、毎日違う食材と調理方法で彩られる料理が盛り合わせられ、ランチだけでなくディナーでも、日替わるこのパレットを楽しみに通う人も。また「白レバーペースト」（450円）は、お酒のともに評判の一品。地元密着をめざす店主がもてなす創作料理に魅せられ、足繁く通うお客さんも多い。

フランスでの修業、横浜のホテルや銀座のレストランとシェフ経験を積んだ店主が２０１２年１１月にオープンしたのがこのお店だ。絵の具を混ぜ合せ、望みの色を出す意味から、創り手、スタッフ、お客さんの想いを混ぜ合わせて「美味しい、楽しい」を届ける店をめざしてパレットと名付けられた。店主は練馬に深い縁があったわけではない。当初は新橋、銀座付近での出店を計画していた。が、紹介されたこの一軒家に魅せられ、この地を選んだ。おかげで「落ち着く」との声が多く、家族やご夫婦のほか、ひとりでの来店も。雰囲気と料理の質に訪れるリピーターも多い。

palette814
パレットハチイチヨン

有楽町線　平和台駅　徒歩6分　氷川台駅徒歩8分　練馬区早宮1-44-22

電話 03-5912-0814　営業時間 ランチタイム　平日11:30～15:00(LO14:30)　土日祝11:00～ディナータイム17:30～22:00(LO21:30)　休 月(祝の場合は翌日)　P 3台（近くにコインパーキング多数有）　席 20席　喫煙 店内不可 テラス可　カード 不可　予約 可　店主 千葉県南房総市出身

ランチタイム　食後のコーヒー一杯無料サービス
ディナータイム　白レバーペースト一品無料サービス

平和台で２４年！食感のいいピザとパスタが人気のお店
トラットリア　サルティンボッカ
平和台駅

修業先の伝統あるドレッシングのレシピを主にした特製ドレッシングで食べる「カリブサラダ」（９９８円Mサイズ・写真）は人気の定番メニュー。パスタではコクのあるガーリックホワイトソースをスープ仕立てで提供する「豚肉入りホワイトソーススパゲティ」（１１３０円・写真）が人気。ファリーナが奏でるフワフワでサクサクでモッチリ食感のピザは変化のある具材をのせて１３５０円〜。

店主は２６歳で修業先の有名イタリアンレストランから独立。この地に店を構えてからすでに２４年が経つ。イタリアンが今日の大衆化に向かう以前からある老舗なのだ。そんな長い歴史のなかで、和洋中の食材を巧みにアレンジした創作イタリアンが日本人と相性が良いことに気づいた店主は、カチカチのイタリアンから進化させた料理を提供。とはいえ、イタリアンに欠かせない本国志向にはこだわる。ピザ生地はイタリア産ファリーナ（００番）を１００％使用。一方で日本人になじみの深い１.７mmのパスタを使い続けることで、昔ながらのなじみある食感も大事にする。

トラットリア　サルティンボッカ
トラットリア　サルティンボッカ

有楽町線　平和台駅　徒歩5分　練馬区早宮2-19-14

電話 03-3937-0141　営業時間 ディナータイム17:30〜22:30(入店21:20まで)　休 月(祝の場合は翌日)　P 無(近くにコインパーキング有)　席 32席　喫煙 可(土日祝は不可)　カード 不可　予約 平日のみ可　店主 練馬東中学校出身

dinner　ドリンク一杯（ソフトドリンク、アルコール）無料サービス

menu 20

a gourmet of Nerima

自慢の手打ちパスタと肉料理を北イタリア地方の味で！
TRATTORIA da Ishikawa
平和台駅

「肉料理と手打ちパスタがウチの売り」と店主の石川さん。人気はイタリア産ポルチーニ茸100％のクリームソース（1800円税別）とTボーンステーキ（4700円税別）。厳選された食材に手間をかけた料理に感激。決して好立地にあるわけでもないのに、駅に向かう帰り道を遠く感じさせないのは、満足度の高さがそうさせているのかもしれない。

リストランテアルポルトをはじめ修業に修業を重ね、30年シェフを務めた店主が2年前にはじめたお店がここ。この地は店主の実家で、かつては父親がとんかつ屋を営んでいた。時代も流れ、商店街の衰退を危惧し、「もっと需要をつくり明るくしよう」と開業を決心した。その繊細な店主の性格が料理にもワインにも表れている。とにかく手間を惜しまず仕込んだ料理、それをセレクトされたワインとともに堪能してみたいと、女性や若い家族連れ、カップルが足繁く通う。ホームページ、フェイスブックやLINEにも料理をアップし、安心感を与えてくれるのも嬉しい。

TRATTORIA da Ishikawa
トラットリア・ダ・イシカワ

有楽町線・平和台駅　徒歩8分　　有楽町線・地下鉄赤塚・東武東上線下赤塚駅　徒歩13分
練馬区田柄1-20-29
電話03-6909-9980　営業時間 ランチタイム　12:00～15:00(L.O13:30)　ディナータイム18:00～22:00(L.O21:00) 木曜日を除く　休 火　P 無　近くにコインパーキング有　席 20席　喫煙 不可　カード 不可　予約 可　店主 練馬中出身

ディナータイム１回
祝日を除く月曜日に4500円or6500円コースをご注文の方にウェルカムグラスドリンクを無料サービス

menu 21

a gourmet of Nerima

アットホームなＣＡＦＥでゆったりとした食時間を

くるみごはん

練馬春日町

ランチタイムで評判の「とろり牛筋煮込定食」（昼850円・夜950円）は、なぜかまた食べたくなる美味。人気メニューは「チキンアボガド丼」と、しらす、アボガド、ネギ、あげ玉をラー油でいただく「くるみ丼」（ともに昼850円・夜950円）。常連客もその人気メニューにうなずいていた。

2009年に友人2人でオープンしたＣＡＦＥスタイルの店くるみごはん。主婦2人がつくるお昼の定食は、創作性とヘルシーが両立する美食として人気が高い。平日のランチでは主婦や若いサラリーマン、週末の夜には食事とお酒を楽しみたい家族連れや女性同士で賑わう。食事メニューのカテゴリーはきわめてシンプル。ランチの「おひるごはん」、週末は「ばんごはん」、そしてサイドメニューの「今日のプチおかず」はお酒のともや小腹が空いた人にといった具合である。お洒落な空間で食事を楽しみたい人にピッタリなのだ。

くるみごはん

クルミゴハン

大江戸線　練馬春日町駅　徒歩6分　練馬区春日町3-17-8

電話03-6750-7135　営業時間 月〜木11:30〜16:00　金〜土11:30〜22:00
休 日・祝日の月曜　P 無　（近くにコインパーキング有）　席 20席　喫煙 ランチタイム不可
カード 不可　予約 可　店主 地元出身

ランチタイム１回　月〜木のお食事にコーヒーor紅茶無料サービス

menu 22

a gourmet of Nerima

東武練馬の老舗三代目は地元密着で美食にこだわる！

とんかつ　まるとし

東武練馬駅

まるとしの一番人気は「Bロース定食」（1250円税別）。肉、パン粉、ラード、揚げ油と店主のこだわりがわかる一品だ。また北町の阿波踊り開催時のためにつくった特別限定メニュー「きたまち阿波おどり定食」（写真・2000円税別）はロース、ヒレ、コロッケ、エビフライが入る。限定だったがリクエストが多く、今や定番メニューとなった。

とにかく店主の気持ちがいいお店というのが第一印象。この「とんかつまるとし」は1970年に東武練馬駅にオープン。現在の店主は奥様の実家を継いだ三代目で地元出身ではないが、それまでの地元密着を受け継ぎ、地域商業発展にも寄与している。もちろん、料理でも先代のこだわりも受け継ぎながら、店主みずからのこだわりも生かす。それは青森の健康豚に最上級のパン粉をまとわせて、ラードや揚げ油も研究して配合するといったこだわりようだ。「とんかつ難民」と言われるほど、練馬区のとんかつ屋さんの減少が著しいなか、店主は区民の喜ぶ顔のために奮起する。

とんかつ　まるとし
トンカツマルトシ

東武東上線　東武練馬駅　徒歩2分　練馬区北町2-36-3
電話 03-3931-2588　営業時間 ランチ　12:00～15:00　ディナー17:30～21:30
休 日 不定休（マラソン大会時は出場のためお休み）　P 無（近くにコインパーキング有・1時間無料券有）　席 17席　喫煙 不可　カード 可　予約 可　店主 戸田市出身（奥様地元）

ランチタイム1回（14時まで）
チキンかつ定食950円→780円（税別）、ひれ一口3ヶかつ定食1000円→820円（税別）、アジフライ定食850円→750円（税別）、その他本日のサービス割引有

menu 23

a gourmet of Nerima

ここは昭和の軽食喫茶の雰囲気が残る洋菓子店

ローヤル洋菓子店

東武練馬駅

ケーキの一番人気はモンブラン。ローヤルオリジナルの「きたまちおとめ」は王様のブランチで紹介され、大人気に。特筆は2Fのイートイン（喫茶部門）で提供する「ナスとベーコンのトマトスパゲティ」（980円）だ。イタリア直送のトマトソースが鷹の爪のピリッとした辛みと絡み合い、優雅な刺激ある味わいを与えてくれる。

この雰囲気のお店は私鉄沿線といえども、もう味わうことができないだろう。1Fはケーキを中心とした洋菓子のテイクアウトコーナー、2Fは喫茶部門でケーキや食事がいただける昭和スタイルなのだ。大都会でもかつてはこのスタイルの店が数多あったものの、今ではもうごくわずかしか残っていない。ここローヤルは1969年オープン。演歌歌手をめざして宮城県から上京した店主が洋菓子を国内、海外問わず修行し開店した店だ。「さすが職人」と唸らせるその洋菓子だけでなく、パスタもしびれるほど人気である。

ローヤル洋菓子店
ローヤルヨウガシテン

東武東上線　東武練馬駅徒歩3分　練馬区北町2-17-17

電話03-3931-2873　営業時間 10:00～18:00（ランチタイム11:00～15:00）
休月　P無　席 36席　喫煙 可　カード 不可　予約 可　店主 宮城県出身

ランチタイム1回
ランチ&ティータイム　ケーキ1個サービス

パスサービス時間　11:00～18:00

menu 24

a gourmet of Nerima

どこにでもある普通の中華屋。でも何度も行きたくなるお店

丸栄中華店

東武練馬駅

キムチチャーハン＋半ラーメンセット（850円）など、チャーハンのセットものが人気。店主おすすめは「広東麺をお酢とラー油で食べて」である。コクのある醤油ベースに具材がのった広東麺は懐かしさと新しさが融合する逸品。先代の後を継いだ二代目現店主は、先代の味を進化させながら、独自路線も構築する。また、この地区の商店街は独自のクーポンをつくり、活性化に一丸となっているようで、もちろんこの店も加入している。

オープンしてすでに４３年。地元に愛される中華料理店がここ丸栄中華店だ。お店に大きなルールがない、いわゆるどこの街にもあるような中華店。だが、忙しい時間帯でも熱心につくる店主の姿を見れば、その生真面目さがしっかりと味に表われていることに気づく。事実、この店のチャーハンと広東麺にはファンが多い。もちろん、お店に大きなルールがないと書いたように、昼から居酒屋として利用するお客さんもいるし、腹を満たすためにサッと入ってきて食事を済ますお客さんもいる。が、また行きたくさせる味がここにある。

丸栄中華店
マルエイチュウカテン

東武東上線　東武練馬駅　徒歩8分　練馬区北町1-28-10

電話03-3931-4649　営業時間 ランチタイム　11:00～15:00　ディナータイム17:00～21:00　休 火　P 無（近くにコインパーキング多数有）　席 15席　喫煙 可　カード 不可　予約 可　店主 北町中学出身 アクション映画好き

オールタイム1回　100円割引サービス

a gourmet of Nerima

ユニークなコンセプトで味との両立を具現化！
ゲイタリアン
練馬駅

バジルペーストを絡めたパスタ「ジェノベーゼ」（1400円）はこの店の大人気メニュー。ニンニクとオリーブオイルで煮込んだ「アヒージョ」や「牛フィレ肉のソテー」（2800円）、「牡蠣の香草パン粉焼き」（1800円）など、料理も多彩で味も評判。お酒を飲まずに食事だけの人、ボトルキープをしてお酒を楽しむだけの人でもOKという寛大さが嬉しい。練馬で今までになかった、ゲイと美味しい料理との両立がなされた店にただただ衝撃なのだ。

2014年12月にオープンしたイタリアン＆ゲイBARのゲイタリアン。店長は南青山の本格イタリアンレストランで修業後、新宿二丁目のゲイバー経営を経て、この地にオープンさせた。その名の通り、週末は総勢9名のゲイたちがお店を切り盛りする。女性客が多いのではと思ったが、なんとファミリー層や男性同士も来る。女性客は20代からシニアまでと幅広い。特筆は店長がイタリアンの修業をしていただけあって、料理も美味しいと評判なことだ。取材中も予約の電話が引っ切りなしに。名をとどろかせるのも、そんなに時間がかからないだろう。

イタリアン＆ゲイBAR　ゲイタリアン
イタリアンアンドゲイバー　ゲイタリアン

西武池袋線・大江戸線練馬駅　徒歩1分　練馬区練馬1-2-1練馬会館2F

電話 03-5946-6992　営業時間 18:30〜5:00　休日・祝　P 無　席 35席　喫煙 可（分煙）　カード 可　予約 可　店長 東京都出身

dinner

ディナータイム
一律1000円割引
（入店時にはチャージ料500円がかかります）

menu 26

a gourmet of Nerima

有名店で修業した店主がそばと刺身にこだわる！
そば二十三

練馬駅

伊豆網代港のとれたてが直送され、その鮮度が嬉しい「刺身盛り合わせ」（1500円）。数に限りはあるのも手伝って、これ目当てに通う常連客も多い。また、お酒を飲んだ後のシメとしてこの店の人気メニューが「豆乳そば」（800円）だ。焼お揚げと豆乳のつけ汁がそばとの新しい相性を教えてくれる。つけ汁と蕎麦湯のさっぱり感が堪らない。

以前は中村橋のカウンター6席の小さな店だったが、2014年の5月に練馬駅の広いスペースに移転してリニューアルオープンしたそば二十三。店主は高級和食店「権八」で修業し、23歳で独立。北海道石狩沼田から取り寄せたそば粉を使用した二八そばを提供する。蕎麦打ちは一日2回と時間と手間をかける。一品ものでは伊豆網代港でその日の朝に水揚げされたネタを直送させて提供するこだわりよう。お酒とともに新鮮な刺身が味わえるのだ。ちなみに店名は独立した年齢にちなんで名づけられた。

そば二十三
ソバニジュウサン

西武池袋線・大江戸線練馬駅徒歩3分　練馬区豊玉北5-22-16木島ビル2F
電話 03-3992-3744　営業時間 ランチタイム　11:30〜14:00 ディナータイム17:00〜24:00(LO23:00)日は21:30(21:00)　休 月(祝日の場合は火)　P 無(近くにコインパーキング多数有)
席 26席(カウンター6席・テーブル12席・座敷8席)　喫煙 可　カード 可　予約 可　店主 練馬中学出身

ランチ＆ディナータイム　各1回　小鉢一品無料サービス

menu 27

a gourmet of Nerima

「店主みずからで焼く」こだわりと、価格への思いが両立するピッツァ店
Ｐｉｚｚａとお酒　窯蔵

練馬駅

水牛のチーズを使った「マルゲリータ」（７５０円）、４種のチーズ「マルゲリータクラシカ」（１１００円）は定番人気メニュー。「窯蔵サラダ」（７８０円）はシャキッと感があり、女性に人気。「存続できる範囲で長く店をやりたい」と店主は具材と価格にひたすらこだわる。ちなみにこの場所は地元住民に長く愛され、惜しまれながら閉店した「キッチン白樺」があった地。続くお店の縁があるところなのだ。

店主はさまざまなレストランで修業、普通のサラリーマンも経験した。「リスクを取ってもやりたい」と、2012年にこの「窯蔵」をオープン。カリッとして柔らかい触感を持つピザは店主みずからが焼く鉄則を守る。その生地の具材には鹿児島産の無農薬野菜が使われるメニューがある。実はこれ、店主の奥さんの実家で栽培されたもので、この野菜を仕入れる条件として、奥さんの父親から「利益を求めるな！お客さんに還元してはじめて利益を少し取れ」と言われている。これがこの店の理念となり、ギリギリの価格で提供を続けている。

Ｐｉｚｚａとお酒　窯蔵
ピッツァトオサケ　カマゾウ

西武池袋線　練馬駅　徒歩5分　練馬区豊玉北5-5-4

電話 03-5656-4025　営業時間　ランチタイム　11:30～14:30(L.O14:00)　ディナータイム　18:00～22:30(L.O21:30)　休 火(全休),水ランチタイムのみ休　P 無(近くにコインパーキング多数有)　席 12席　喫煙 不可　カード 不可　予約 可

all time　　オールタイム　本日のプチデザートピザ無料サービス

menu 28

a gourmet of Nerima

若い寮長と寮母が元気をつけてくれるお店！
巣あな
練馬駅

冬場限定だが、「タマネギたっぷりホルモン鍋」(800円)は一人前からで、シメに「うどんとたまごセット」(300円)も注文できる。ほかにも「のっけやっこ」(400円)、厚切りベーコン焼き(800円)とノンジャンルのメニューで食とお酒を楽しませてくれる。狭い店内だが、和気あいあいとした雰囲気が素敵な店だ。

このお店の扉を開けると、店主の奥さんの「お帰り〜」という声で、地元に帰ってきた安心感が。名前の通り、ここは企業戦士たちが地元に帰った安心安住の場所「巣穴」なのだ。店主の家系は練馬警察署の前で戦前から食堂を経営。家族の背中を見て育った店主にはその影響が強く、18年の営業マン生活に終止符を打ち自分が行きたい店づくりとして、2011年8月にオープン。時間帯を問わず集まるお客さんのメニューリクエストに、店主夫婦がまるで寮長・寮母のように優しく応えてくれる。ちなみにここの寮母も練馬「かつ若」(すでに閉店)の娘で、夫婦そろって練馬のお店出身である。

巣あな
スアナ

西武池袋線　練馬駅　徒歩7分　練馬区豊玉北5-25-17　B1

電話 03-5946-9099　営業時間 ディナータイム20:00〜2:00　休日・第2月　P無
席 10席〜14名可　喫煙 可　カード 不可　予約 可　店主夫婦　豊玉中学出身

a gourmet of Nerima

練馬野菜で地産地消！区内トップクラスの野菜好きが集まる店
ビストロBonCourage
練馬駅

地産地消のナンバーワンを自負する店長がこだわる野菜は、練馬区の契約農家から採れたてが毎日入荷。

区内の農家と契約し、地元で育った野菜を使った料理を提供するビストロがココ。店長は野菜ソムリエの資格を持ち、地元の採れたて野菜を繊細に吟味しサラダとして、メイン料理として提供する。そのこだわりは、年間５５種類の料理に使いたい野菜を、契約農家にリクエストして作ってもらうことからもわかる。そのため、野菜好きの女性客が引っ切りなし来店する。店名は「頑張って」という意味合いだが、本当に頑張っているのはお店に関わるスタッフなのかもしれない。

ビストロBonCourage
ビストロボンクラージュ

西武池袋線　練馬駅西口　徒歩1分　練馬区練馬1-6-18　2F

電話 03-6915-8822　営業時間 ランチタイム　11:30〜14:30(L.O13:30)
ディナータイム　18:00〜24:00(L.O23:00)　休 年末年始　P 駅前地下駐車場・コインパーキング有）　席 40席　喫煙 不可　カード 可　予約 可

menu 30

a gourmet of Nerima

ビルの５Ｆにあるハイボールとロティサリーチキンが楽しめる店

呑屋pig＋練馬ぴぐぷらす

練馬駅

ぐるぐると回る「ロティサリーチキン」（１／２羽１４８０円）で使用するチキンは、最上川地域の若鶏を冷凍保管せず取り寄せ、そのままロティサリーマシンにかけられるので、鮮度の高さが売り。鶏自体の味は季節で変化するため、季節に合わせたソース作りにも目配りする。また自家製の「スモークチキンジャーキー」（４００円〜）はこの店の酒飲み客からご指名No．１。ビルの５Ｆにあるこの隠れ家は元気を与えてくれる空間なのだ。

銀座で２０年バーテンダーをしていた店主が３年前にオープンしたユニークなお店がここ「ぴぐぷらす」だ。バーテンダーの経験から「お酒を楽しむのは、飲み食い一緒が一番いい」と、アルコールに合う料理メニューだけで構成されているのが特長。ハイボールをメインとしたお酒とともに楽しむこの店の料理の王道は「ロティサリーチキン」。チキンを回転させながらじっくりと焼き上げる鶏料理である。飲みながら料理をつまみ、店主との会話を楽しみに一人で来店するお客さんも多く、じつに女性客が７割を超える。お客さん同士もすぐに仲良くなれる店なのだ。

呑屋pig＋練馬ぴぐぷらす

ノミヤ　ピグプラス

西武池袋線・大江戸線　練馬駅　徒歩1分　練馬区豊玉北5-18-7　5F

電話 03-3557-7447　営業時間 ディナータイム　15:00:13〜24:00　休日 P無（近くにコインパーキング有）　席 20席　喫煙 可　カード 可　店主 新潟県上越市出身（中村橋在住）　予約 可

dinner

店主を笑わせた方のみ、ぴぐハイボール一杯サービス

a gourmet of Nerima

裏路地・公園・隠れ家のキーワードで佇む店で居心地の良さと料理を楽しく堪能！

CAFE　ユメゴゴチ

練馬駅

ランチタイムで人気の「雑穀ご飯の日替わりランチ」（972円）は、ヘルシーが女性に人気。さらに「ユメのでかでかホットケーキ」（1200円・15時から）はこの店一番のスイーツ人気メニュー。フライパンの上で弱火でゆっくり30分かけて仕上げた直径20センチ、厚さ3センチのホットケーキに、生クリームとアイスクリーム、季節のフルーツに数種類の甘いトッピングふりかかる大盛りデコデコの一品なのだ。

店主はもともと自宅で「予約制のお家ＣＡＦＥ」をやっていた。が、お客さんが増えてしまい、対応が難しくやむなく休店。主婦層、とくに若いママさんに多く支えられていたこともあり、子ども連れでも気軽に入れて、ママさんが落ち着ける立地を探して、この地にオープン。現在5年目を数える。主婦層がメインだが、カフェタイムにはご婦人やカップル、ビジネスマンと幅広い利用がある。アットホーム感覚で、ゆったりとした時間をモーニング、ティータイム、カフェタイムまで食とともに過ごせる店なのだ。

CAFE　ユメゴゴチ

カフェ　ユメゴゴチ

西武池袋線・大江戸線　練馬駅　徒歩3分　練馬区練馬1-33-6

電話03-6915-8637　営業時間　9:00～19:00　休日・祝　P 無（近くにコインパーキング）　席 20席　喫煙 不可　カード 不可　予約 可

lunch

ランチ＋ドリンク＆デザートご注文でドリンクおかわりサービス
15：00～デザートSETご注文で50円引き

menu 32

a gourmet of Nerima

タイ式の立ち呑みスタイルを練馬で味わう

タイ風立呑　福道

練馬駅

ランチ、ディナーとも変わらぬ価格で料理を提供。「グリーンカレー」や「パッタイ」などの有名タイ料理をはじめ、最近トレンドとなった「マッサマンカレー」も用意される。なかでも一番人気は挽肉をバジルで炒めた「ガッパオガイ」（７００円）。スープとデザートが付いてこの値段はお値打ちだ。

練馬駅飲み屋街の一角にある縦長の狭小店舗。一風変わったファサードだが、ここは客が入れ替わるように来店する不思議な空間。ＴＶでも紹介されるほど興味をそそるココ福道はタイ料理をお酒と楽しむことができるステージだ。店名にもあるように、タイの繁華街を思わせる立ち呑みスタイル。もちろん混雑していなければ座ることもできるが、本場の雰囲気を味わいたいなら、混み合いながらお酒とともにタイ料理を食すのがおすすめ。

タイ風立呑　福道
タイフウタチノミ　ヒョウタン

西武池袋線　練馬駅中央口　徒歩3分　練馬区豊玉北5-22-15

電話03-3992-0406　営業時間 ランチタイム　11:30～14:30(月～土)　ディナータイム 17:00～24:30　休 ランチタイムのみ日曜日　P 無　席 10席(カウンター形式)夜15名可　喫煙 ランチタイム不可 ディナータイム可　カード 不可　予約 可

系列マッサージ店10％割引券を提供

a gourmet of Nerima

自家製野菜と全国の天然素材を使った食と隠れ家が融合！
大人の隠れ家　natural cafe goen
練馬駅

写真は「国産若鶏のグリル」（1000円）は玄米と小豆で炊き上げ、発酵させた「酵母玄米」を主食に、素材の良さを引き出す若鶏と野菜サラダを提供する。採れたての自然野菜や産地と加工手法にこだわった料理が楽しめる。また同店2Fではカルチャー教室をテーマ別に定期開催していて、参加する主婦層も多く、さらにビジネス交流の場として経営者も多く集う場でもある。

オープン1年を迎えたこの店のコンセプトは健康・美容・知性。健康・美容というテーマでは、自然食素材の良さと美味しさを追求。使用する酵母玄米は小豆と玄米を炊き込み、時間をかけて発酵させたもの。素材が持つ栄養分を生かしながら、カロリーコントロールと旨さを両立させる。知性というテーマでは2Fにてテーマ別の教室を開催。大人の隠れ家と名付けられた店名からもわかるように、駅にほど近い住宅街に佇み、喧騒から逃避させてくれる環境を提供。落ち着いた雰囲気のなか、優雅なひとときを食とともに楽しむことができる。

大人の隠れ家　natural cafe goen

オトナノカクレガナチュラルカフェゴエン

西武池袋線・大江戸線　練馬駅　徒歩2分　練馬区練馬1-10-13

電話 03-6755-3053　営業時間 9:00～20:00　休 不定休　P 2台 駐輪スペース8台　席 20席　喫煙 不可　カード 不可　予約 可

フードメニューご注文の方にドリンク＋プチデザートを無料サービス

小学生以下のお子様のカフェご利用はお断りしています。

menu 34

a gourmet of Nerima

本格イタリアンピッツァを安価で楽しませてくれる店！
EnoGastronomia 'tappost' Ciaola

豊島園駅

オススメメニューの「ピッツァフリータ」（500円税別）。具材は3種類から選べて、テイクアウトもできる。遊園地としまえんにほど近いこともあって、園内で遊んだ人たちからの評判も高い。また店内では、自家製生地のピッツァをはじめ、揚げ物、冷菜などのメニューも豊富。ワインとともに美味しいイタリアン料理を安価で楽しめるのだ。

イタリアン料理の魅力を広く知ってもらうため、数々のイタリアンシェフを輩出してきた「タッポスト・アオキ」が展開する店がこの「チャオラ」だ。その庶民感覚で本場イタリアンを味わってもらいたいという理念から、価格も安価に設定されているのが嬉しい。とはいえ、「アオキイズム」が大きく影響していて、その料理に妥協はない。創作意欲は旺盛で、自家製のピッツァ生地を使って野菜などの具材を包んだ「ピッツァフリッタ」は店内はもとより、テイクアウトでも食せる人気のメニューとなっている。

EnoGastronomia 'tappost' Ciaola
エノガストロノミア　タッポスト　チャオラ

西武線・大江戸線豊島園駅　徒歩1分　練馬区練馬4-15-18

電話 03-6915-8996　営業時間 11:30〜23:30(L.O.23:00)　休 木　P 無　席 15席
喫煙 不可　カード 不可　予約 不可

食事を頼まれた方にグラスワイン赤or白1杯無料サービス

menu 35

a gourmet of Nerima

讃岐うどん店2代目はこだわりの蕎麦店で挑む！
石臼挽き ふるまい蕎麦 ふる井
練馬駅

「蕎麦屋の三点盛り」（700円）は蕎麦豆腐と板わさ、焼き味噌の三種が上品かつ美しく並ぶ。店主が考え抜いた「蕎麦せいろ」（650円）はこだわって打ち出された蕎麦ののど越しに、秘伝の蕎麦つゆが絡んで、美味しさと爽快さが同居する。

駅から遠いビハインドな立地にあるにもかかわらず、地元では「一度は食しておきたい」と評判な蕎麦店が「ふる井」だ。店主は父親が起こした有名な讃岐うどん店を継いでうどんづくりを学び、さらに自分の独自性を持つために有名蕎麦店で修業をした根っからのこだわり派。「うどんも深いが、蕎麦はさらに奥が深い」（店主）と、うどんと蕎麦の両方を極める目論見なのだ。

石臼挽き ふるまい蕎麦 ふる井
イシウスビキフルマイソバフルイ

西武池袋線・大江戸線　練馬駅南口　徒歩15分　練馬区豊玉中2-6-5

電話 03-3992-9480　営業時間 11:30～15:00（ラストオーダー14:30）ランチタイムメニュー有　17:00～21:00　休 木　P 無　（近くにコインパーキング多数有）　席 22席（最大）
喫煙 不可　カード 不可　予約 可　店主 豊玉中学出身

デザート「だったん蕎麦茶プリン」無料サービス

※土・日・祝日は利用不可

menu 36

a gourmet of Nerima

環七田中屋最後の弟子が生み出す先取り蕎麦つゆとの相性

玄蕎麦　野中

中村橋駅

蟻巣の田舎蕎麦（1080円）は一日10食しかつくれない限定メニュー。その訳は、そば粉1kgを1時間かけて手挽き作業するため、手作業では10食分をつくるのが限界であるため。無限の奥深さがある蕎麦の世界で、提供する食において、妥協のない店主のおもてなしが、お客さんを飽きさせない。

平成4年にオープンした玄蕎麦野中もすでに23年目。店主の野中さんは今から34年前、世間にその名をとどろかせた「明月庵田中屋」へ入門。独立するまでの間、この一門で修業を重ねた。「せいろが多く出る店」が田中屋主人のモットーであったように、その流れはこの野中でも受け継がれている。そのために、「蕎麦つゆが蕎麦と合うかどうか」この一点に集中してそば粉を選び、蕎麦の挽き方や保管方法を考え抜き、その蕎麦に合う蕎麦つゆをつくるために知恵を絞る。店のバックヤードでは、今でもそのチャレンジの連続だ。「完璧なものを出す」ための努力を店主は惜しまない。

玄蕎麦　野中

ゲンソバノナカ

西武池袋線中村橋駅　練馬区　徒歩12分　練馬区中村2-5-11

電話 03-3577-6767　営業時間 ランチタイム　11:00〜14:30　ディナータイム17:00〜20:00　休 月・第2,3火(祝日は営業)　P 無(近くにコインパーキング有)　席 30席
喫煙 不可　カード 不可　予約 可　店主 中村中学出身

column.2

「蕎麦つゆ」のこだわり
練馬区有名蕎麦店 同級生バトル！

　練馬区中村にかまえる「玄蕎麦　野中」の店主と、練馬区豊玉中の「石臼挽きふるまい蕎麦　ふる井」の店主は出身中学こそ違うが、同じ年で中学時代からの顔見知りだ。

　野中の店主は老舗「明月庵田中屋」で長年修業し、平成4年に実家のあんこ屋があった地で開業した。「高校卒業後に田中屋に入った当時は、ひたすらホールで接客を叩きこまれた。そして蕎麦打ち修業では、2キロ玉を一日50発、100キロを打ち続けた」とは、野中の店主談。その下積みが今日の野中の基礎を支えている。

　一方でふる井の店主は讃岐うどん店「さぬきや」の二男で、父親がはじめた「さぬきや」を継承した。その後、蕎麦修業に出て、実家の「さぬきや」を蕎麦店としてリ・スタートさせた。「うどんの世界も奥が深いが、蕎麦の世界の奥深さには驚かされた」（ふる井店主）と、上質な蕎麦を提供することに挑む決意したのだ。それぞれ歩みは違うが、二人の店主に話を訊くと、いくつかの共通点が見えてくる。ひとつは、そば粉に対する産地へのこだわりとその加工技術。両者とも茨城、栃木、長野産のそば粉に注目し、産地農家との直接契約。磨きをはじめとするそば粉の後工程もみずからが行なっている。

　そしてもうひとつ注目しているのが、蕎麦つゆである。これについて野中の店主は、「蕎麦は蕎麦つゆに合うかどうかがすべて。つまり蕎麦つゆがその蕎麦の行方を決める存在だ」と語る。ご存知の方もいると思うが、蕎麦つゆは蕎麦に合わせるため、常に変化している。いや進化していると言うべきか。したがって変化のない蕎麦つゆはあり得ない。これは野中にしてもふる井でも、10年前と今では醤油やみりんといった原材料さえも変化させているのだ。ふる井の店主が蕎麦つゆの考え方について、大手食品会社関係者に懇願され、勉強会の講師をしていることからも、蕎麦の奥行きの深さを感じさせられる。いわゆる「その蕎麦をその蕎麦つゆで手繰る」のが蕎麦を味わうということなのだ。

　めざすのは古き良き蕎麦の在り方ではなく、温故知新をベースとした最先端の蕎麦。そのために手間をかけ、合う蕎麦つゆを研究し、切磋琢磨して完璧を提供するのだ。「ナカチュウ野中」と「ウー」（どちら中学時代の呼び名）が練馬の蕎麦文化を変えてくれる存在であることは間違いない。

menu 37

a gourmet of Nerima

隠れ家というよりも秘密基地！ワクワク感漂う店内でお酒と料理を堪能せよ！

DiningBar AJITO

練馬駅

豊富なドリンクメニューのなかでオリジナルの「アップルタイザーモヒート」は男女問わず人気。フードでは「生ハムとルッコラのピザ」（1200円・写真）、圧力鍋で3時間煮込んだ「AJITO特製でっかい豚煮込み」（950円）、「高橋農園のルッコラサラダ」（700円）が人気。素材は川越から毎日直送される野菜と、パルマ産生ハムを使用。「飲む、食べる」を楽しくさせる秘密基地なのだ。

「人に身近な飲食で地元練馬を盛り上げたい」と店主が2013年8月にオープンしたこの店には、30代を中心に「飲みたい、食べたい」お客さんが集う。店主の地元を盛り上げたい気持ちはメニューにも表われている。ドリンクメニューは200種類以上、料理も100種類以上と、誰でも好みに合わせて選べるようにと豊富だ。また店のつくりにも地元感覚を反映。狭さを嫌がる区民性を尊重し、50席はつくれる箱だが、あえて30席にとどめテーブルを詰めずに開放的に。リラックスできる環境でお酒や料理を楽しめるように配慮している。

DiningBar AJITO
ダイニングバー　アジト

西武池袋線　大江戸線　練馬駅西口　徒歩2分　練馬区豊玉北5-32-13 菱新ビル2F

電話 03-6915-8559　営業時間 ディナータイム17:00～3:00（LO2:00）　休 年末年始　P 無（近くにコインパーキング多数有）　席 30席（最大50人）　喫煙 可　カード 可　予約 可　店主 開進三中出身

グラスビールorグラスワイン1杯無料サービス

a gourmet of Nerima

女性のおひとり様大歓迎！
BISTRO102

中村橋駅

牡蠣のホースバッグ（1000円税別）。広島産の牡蠣4個をベーコンで包んで、カリッと焼き上げた逸品。口に入れた瞬間、牡蠣のエキスが広がる！舞鶴漁港直送の鮮魚を使った料理からフォアグラ料理まで、レパートリーが豊富で、どれも美味。ワインもグラス（450円〜税別）、ボトル（2500円〜税別）と驚きのプライスで提供。店内は女性好みのスタイリッシュな装いで、居心地抜群。店名の102は、部屋番号が102号室だから。

「心のこもった料理を地元の人々にリーズナブルに提供したい」という、練馬を愛するオーナー夫妻の思いで、2014年8月にオープン。お店はワインエキスパートの資格を持つマダムが切り盛りする。神楽坂の「夏目亭」や今はなき青山の「オヒョイズ」などの名店で腕を振るったシェフをスカウト。バターをあまり使わない今風の料理は女性に好評。おひとり様にも優しい店でありたいと、1ドリンクに5つのオードブルがついた平日限定の「5 褒美セット」（1000円税別）を用意。仕事帰りに1杯飲みたい女性たちの心を惹きつけてやまない期待の新店である。

BISTRO102
ビストロイチマルニ

西武池袋線　中村橋駅北口　徒歩1分　練馬区向山1-15-3 1F

電話 03-6794-1020　営業時間 17:30〜23:00（フード22:00LO,ドリンク22:30LO）※土・日のみランチ営業あり11:30〜15:00(14:30LO)　休 火・第2・4月　P 無　席 19席(最大)　喫煙 不可　カード 可　予約 可

dinner　ディナータイムのみ　グラスワイン（赤 or 白）1杯無料サービス

menu 39

a gourmet of Nerima

自家製の手打ちパスタが自慢

Semplice

中村橋駅

本日のコース（4300円税別）。カプレーゼ、季節の前菜4種盛り合わせ、自家製手打ちパスタ2種類、山形県「平田牧場」の金華豚の炭火焼き、本日のデザートにエスプレッソor紅茶がつく。季節替わりのパスタは、魚介系と肉系の2種。コースのほか、アラカルトも充実している。長野県の古民家の木材を利用した店内は、木の温もりに溢れる落ち着いた空間。飛騨高山の家具メーカー「柏木工」のイスも座り心地抜群。

3月3日でオープンから4年。『料理の鉄人』に出演した神戸勝彦シェフのレストラン「RISTORANTE MASSA」などで3年間研鑽を積んだ林克行シェフが夫妻で開いた温かみあふれるイタリアンレストラン。シェフの得意料理は、自家製の手打ち麺を使ったパスタ。手打ち麺は、長いチューブ型の押出成形で作る「ビーゴリ」や卵黄だけで作る「タヤリン」といった珍しいものなど、常時6〜7種類がそろい、それと四季折々の食材を合わせて、季節感溢れるパスタに仕上げる。中学生以下お断りの大人だけの空間は、誕生日や記念日に利用したい。

Semplice
センプリチェ

西武池袋線　中村橋駅南口　徒歩3分　練馬区中村北3-15-2 エバグリーンハウス1F

電話 03-5848-7425　営業時間 18:00〜23:00(21:30LO)　休 月(祝日の場合は翌日)
P 無　席 16席(最大)　喫煙 不可　カード 不可　予約 可　※中学生以下利用不可

dinner

ディナータイム　食後酒1杯無料サービス

menu 40

a gourmet of Nerima

中村橋に根ざして２７年の天ぷら専門店

中村橋　天たけ

中村橋駅

海老２本、キス、ピーマン、かぼちゃ、サツマイモがのったボリュームたっぷりのランチの上天丼（950円税込）。カラリと揚がった熱々の天ぷらに甘めのタレがかかる。ランチは野菜天丼（650円税込）から、天ぷらと刺身の両方が楽しめるサービス定食（1450円税込）まで7種類あり、自分の懐とお腹の空き具合に合わせて選べる。店に入って左側に2つある座敷は、真ん中が襖で仕切られているので、開け放して大人数にも対応できる。

３６歳のときに独立し、中村橋駅前に店を構えて２７年目に入った店主の阿部信幸さん。一人で厨房を仕切る店主の丁寧な仕事ぶりを聞きつけ、夜は３割ほどが遠方からのお客さんである。お品書きには、海老や穴子といったオーソドックスなメニューに並び、アイスクリームの天ぷらといった斬新なメニューも。店主曰く、「そうかな？水分があっても、さっと揚げれば何でも天ぷらにできるよ」とあっさり。厨房には開店当時から使っている年季の入った天ぷら鍋が鎮座する。ここからジュウジュウと発される揚がる天ぷらの音が、近隣住民の胃袋を刺激してきたのだ。

中村橋　天たけ

ナカムラバシ　テンタケ

西武池袋線　中村橋駅南口　徒歩1分　練馬区中村北4-3-9

電話 03-3999-8248　営業時間 昼 11:30〜13:30(LO) 夜 17:00〜21:30(LO)　休木　P無　席 25席(最大)　喫煙 可　カード 不可　予約 可

menu 41

a gourmet of Nerima

旬の彩りを味に託す本格懐石料理に舌鼓
日本料理 味三昧
中村橋駅

「お刺身盛り合わせ 七種」（2580円税別）。魚介以外に、黒毛和牛サーロインステーキや霜降り馬刺しなど一品料理は幅広い。初めての方には、「旬のお刺身盛り合わせ」に、5種類から選べる旬の揚げ物、10種類以上から選べる旬の「焼き物」または「煮物」または「蒸し物」の3品が付いた「旬三昧」（3000円税別）がおすすめ。旬の懐石料理（4000円～税別）や、とらふぐ、蟹、あんこう、すっぽんなど、旬の高級料理も味わえる

新橋の名店「京味」の西健一郎氏のもとで7年間腕を磨き、千葉の日本料理店で料理長を務めた古谷陽一店主。その後現在の場所に、若干27歳の若さで日本料理店を開いて今年で23年目。冠婚葬祭や接待、宴会など、おもてなしの席に利用したい、本格的な懐石料理が味わえる名店として地元で重宝されている。5年前に店内を全面改装し、7つの個室を完備。全席床暖房付きの堀りこたつで、年配のお客様にも優しい造りが評判だ。毎月内容が異なる懐石料理のほか、一品料理も豊富に揃うので、気軽に利用できるのもうれしい。

日本料理 味三昧
ニホンリョウリ　アジザンマイ

西武池袋線　中村橋駅南口　徒歩3分　練馬区中村北4-12-13

電話 03-3577-7022　営業時間 ランチ11:30～15:00(LO14:00)　ディナー17:00～23:00(LO22:00)　休 月(祝日は翌日)、第三火曜　P 有(パークチケット持参の方、駐車補助あり※ランチ不可)　席 50席(最大)　喫煙 可　カード 可　予約 可

ランチタイム　旬の料理1皿無料サービス
ディナータイム　旬の料理1皿無料サービス

※ランチタイムは懐石料理注文のお客様のみ

menu 42

a gourmet of Nerima

地元の和菓子店が手がけるイタリアンレストラン
Cafe Restaurant 月の風
中村橋駅

今週のごはん定食から今日の新鮮お魚のグリエ（900円税込）にはライスとサラダがつく。ディナーの単品（790円税込）。宮崎漁港から直送される新鮮な魚を使用。バジルペーストで塗って、トマトソースで仕上げてある（内容は月替わり）。広々とした店内は、隣接の「練馬区立美術館」（4月4日まで休館）帰りに立ち寄る人も多いそう。窓際の席からは、美術館の入口に完成したばかりの「美術の森緑地」が眺められ、優雅な食事が楽しめる

練馬区の公共施設である「サンライフ練馬」に2013年4月にオープンしたイタリアンレストラン。中村橋駅前の「サンツ中村橋商店街」に本店を構える、昭和38年創業の「練馬凮月堂」が手がけるレストランとして地元でも評判。「地域貢献のため、利益関係なしにおいしい食事を味わってもらいたい」と話すのは練馬凮月堂の大山泰一社長。大久保のイタリアンバー「ピカソ」出身のシェフご自慢の料理は、子どもからお年寄りまで幅広い年齢層の人に味わってもらえるよう、素朴で優しい味わい。昼〜夜まで通し営業で使い勝手抜群！

Cafe Restaurant 月の風
カフェレストラン ツキノカゼ

西武池袋線　中村橋駅北口　徒歩2分　練馬区貫井1−36−18　サンライフ練馬2F

電話 03-3926-3336　営業時間 11:30〜21:30　休 月(祝日は翌日)　P 無　席70席(最大)　喫煙 不可　カード 不可　予約 可

all time　料理1人50円引き（750円以上の利用、1グループ4名まで）

menu 43

a gourmet of Nerima

寿司店で鮨と焼き物と会話を存分に楽しむ！

山嘉寿司

中村橋駅

おまかせにぎりの山嘉寿しは1.5人前で2400円。のどぐろ開きの焼き物は700円、みそ汁200円。ランチタイムは雰囲気のいいカウンターで！夜は仲間とテーブルやあがり（座敷）でワイワイ楽しむのもいい。

和食の個店が少ない昨今、14年目の入るここ山嘉寿司は元気だ。大将が築地に出向き選んだ新鮮なネタを刺身で、にぎりで会話をしながら存分に楽しむ。日本人の食の楽しみの原点がここにある。しかもにぎりはひとつ100円から、巻物は200円から選べるとあってリーズナブル。お酒とにぎりを楽しみ、お椀（みそ汁）でしめるお客さんも多い。会社帰りに中村橋で途中下車して、ここへ寄るサラリーマンや東長崎、江古田から通う常連客も多数。

山嘉寿司

ザンカズシ

西武池袋線　中村橋駅北口　徒歩2分　練馬区貫井1-7-25

電話 03-3999-1808　営業時間 ランチ 11:30～13:30　ディナー16:30～22:30　休水　P無 近くにコインパーキング多数有　席 40席(最大)カウンター8席　座敷12名　テーブル18席　喫煙 カウンター不可 その他可　カード 不可　予約 可　店主 沖縄出身 開業14年 ゴルフ好き

ディナータイム1回　月、火、木　生ビール1杯無料サービス

menu 44

a gourmet of Nerima

居酒屋のようで居酒屋でない料理とお酒をテーブルで楽しむ店
祭食呑家
中村橋駅

夜のメニューで女性に人気のスモークサーモンとトマトとりんごのマリネ（750円）。男女問わず人気の肉じゃが春巻き（500円）。さらに特筆は生ビールの旨さ。ビール温度管理と外気温で調整するこだわりに、キリンのスタッフが「ここのビールはうまい」と絶賛したほど。手間を惜しまず、お客さんのよろこぶ顔のためにサービスを提供している。ちなみに「洋食屋じゃありません、ウチ居酒屋です！」と店主奥さんが言ってます。

オープンから17年目に入るここ祭食呑家は、夫婦で切り盛りする家庭的な雰囲気のお店。しかし料理は決して家庭的ではない。家庭ではなかなかできない手間のかかった創作料理を提供する。まずは手間をかけたランチメニュー。定番の祭食呑家風オムライス、カジキ鮪唐揚と茄子の葱だれ丼、それに日替わりがスープ・サラダ付きで790円。それに週替わりパスタ（930円）の4品からチョイスする。夜はイタリアンや中華をベースにした手間のかかったアレンジメニューがたくさん！決して駅至便ではないが、この年数続くこの店には、なにかがある。

祭食呑家
サイショクドンヤ

西武池袋線　中村橋駅北口　徒歩10分　練馬区貫井2-14-28

電話 03-3990-4949　営業時間 ランチ 11:30～14:30(13:45L.O)　ディナー 18:00～22:30(21:30L.O)　日祝 ディナー17:30～22:20(21:00L.O)　※貸切の可能性があるので事前に電話確認を　休 月+α　P 無　近くにコインパーキング有　席 22席(最大)　喫煙 可　カード 不可　予約 可　店主 貫井中学出身　開業16年

dinner　ディナータイム1回　グラスドリンク1杯無料サービス（生ビール・ワイン可）

menu
45

a gourmet of Nerima

価格とポップともに圧倒的な存在感を放つ中村橋の老舗
居酒屋　どんぶり

中村橋駅

1380円（税別）のお刺身バイキングは、日替わりの10種から好みの5種を選べる（写真は、生ほたて、真だら、真鯛、かつお、あじ）。食いしん坊のおばんさい880円（税別）は、日替わりの10品の中から3品を選べ、美味しいものを少しずつ食べたいという女性客の心をつかんでいる。店先のおみやげメニューも豊富で、焼き鳥は「おび」「ふりそで」など希少部位も揃う。特に「ハツモト」は店頭に出すと即売り切れるほどの人気とか。

「こういう店があれば流行る！」とサラリーマン時代に思い描いていた店をそのまま形にしたという店主。30年前に脱サラして店を始めたため、最初は右も左もわからなかったというが、料理のクオリティの高さと庶民的な価格設定でいまや不動の人気店になった。目利きの店主は、味で勝負したいと素材にもこだわり、店で提供するお刺身は全て築地で仕入れた寿司用のネタというから驚きだ。まだ市場に出回っていない日本酒もいち早く取り入れ、日本酒好きを虜にしている。店の目印にもなっている愛情溢れるポップは、全て奥さんの手作り。

居酒屋　どんぶり
イザカヤ　ドンブリ

西武池袋線中村橋駅北口　徒歩2分　練馬区貫井2―6―8
電話 03―3998―4011　営業時間 ディナータイム　17:00～24:00　休月　P 無（近くにコインパーキング多数有）　席 42席（最大）　喫煙 可（一部禁煙席）
カード 不可　予約 可

dinner

お刺身バイキング　通常1380円（税別）→1100円（税別）

a gourmet of Nerima

緑と花に囲まれた空間で野菜たっぷりイタリアンを
La Ventura
都立家政駅

前菜盛り合わせ（1800円〜税込）と、ホタルイカと菜の花の手打ちカバテッリ（1400円税込）。料理担当は、都内の名店で腕を磨いた、練馬育ちの斉藤正敏シェフ。前菜盛り合わせは、イタリア産プロシュートやヒヨコ豆のマリネなど日替わりで供される。パスタも豊富で、手打ちパスタは常時5〜6種類あり。昼は、平日のみパスタランチ（900円税込）や土日も味わえる前菜付きパスタランチ（1800円税込）など。

フラワーショップやカフェが入る「GARDEN SQUARE」の2階にあるイタリアンレストラン。造園会社の敷地内にあるので、緑と花でいっぱいの庭園を眺めながら食事が楽しめ、まるで軽井沢などの別荘地を訪れたような優雅な気分に浸れる。埼玉の契約農家やレストランの近くにある契約農家から収穫されたばかりの新鮮野菜をはじめ、築地から届く鮮魚を生かした、彩りあふれるイタリアンは、舌だけでなく目でも楽しめる。春は庭園の桜が満開になるので、花見客で大変賑わうそう。天気がよい日はオープンテラスでの食事もおすすめ。

La Ventura
ラ・ベントゥーラ

西武新宿線　都立家政駅北口　徒歩8分　練馬区中村南1−27−20

電話 03−3825−0611　営業時間 ランチ11:30〜14:00(LO)※土日祝は〜14:30(LO)　ディナー17:30〜22:00(LO)　休木　P有　席 55席(最大)　喫煙 可(テラス席のみ)　カード 不可　予約 可

menu 47

a gourmet of Nerima

薪窯で焼く本格ナポリピッツァ
ピッツェリア ヴィーコロ デル ソーレ
鷺ノ宮駅

人気のマルゲリータ（単品ランチ1200円・ディナー1250円税込）。サラダ、ドリンク付きの平日限定ランチセット（1360円税込）でも選べる。イタリアと国産の粉をブレンドし、お店でこねて発酵させた生地は、ふっくら。イタリア産のコク深いモッツァレラチーズと酸味が利いたトマトソースも絶妙。ピッツァ以外にも前菜やパスタ、煮込みなど幅広い料理が味わえる。その日のおすすめが書かれた黒板も要チェック！

ヴィーコロ デル ソーレとは、イタリア語で"太陽への小路"という意味で、店内の床には入口から中庭に向かって小路のデザインが施されるなど、店内はイタリアの明るい雰囲気でいっぱい。イタリア直輸入の石を組み、2ヵ月かけて作られた薪窯も目を引く。もちろん看板メニューは、その窯で焼くナポリピッツァ。焼き上げるのは、都内の有名ピッツェリアなどで10年修業を積んだ店長兼ソムリエの久保田智さん。トマトソースとチーズベースの約20種類のピッツァがそろい、どれも薪の香りが香ばしく、モチモチの食感もたまらない！

ピッツェリア ヴィーコロ デル ソーレ

ピッツェリア ヴィーコロ デル ソーレ

西武新宿線　鷺ノ宮駅北口　徒歩8分　練馬区中村南3-12-1
電話 03-5848-7375　営業時間 ランチ12:00〜15:00（14:00LO）　ディナー18:00〜23:00（22:00LO）※土・日・祝は17:00〜　休 月（祝日は翌日）　P 無　席 26席（最大）　喫煙 不可　カード 可　予約 可

マルゲリータ1枚無料サービス

※平日ディナータイムのみ

menu 48

a gourmet of Nerima

熱狂的な支持を集める、予約困難な有名焼肉店
焼肉問屋 牛蔵
富士見台駅

特上カルビ、特上ロースの中から「本日おすすめの3種類」と上カルビ、上ロースの中から「本日おすすめの4種類」が入る「黒毛和牛特選7種類盛り合わせ」(写真手前・2〜3名用3000円税別)と、「新鮮ホルモン系5種類盛り合わせ」(写真奥・2名用800円税別)。単品ではヒレ、マキ、ざぶとんなどの希少部位が人気で、売り切れの場合が多いので事前に予約を。席は2時間制。地下1階にはしゃぶしゃぶ&すき焼き店、1階には売店もある。

特選A5ランク黒毛和牛が一皿1000円以下とコストパフォーマンスは最強！予約は1ヵ月前から受け付けているが、もちろんすぐに埋まってしまうほどの人気店だ。阿部博史店長に安さの理由を聞くと「美味しい黒毛和牛を一頭買いして安く提供するだけなんです」とのこと。店長が富士見台を歩いていると、地元の人から「人気過ぎて、全然入れない！」と言われることも多々あるとか。そんな地元民のために、現在は予約可能なテーブルは限定し、当日訪れる人が入店できるシステムにしている。それでも週末は朝から並ぶ人が絶えないというから驚きだ。

焼肉問屋 牛蔵
ヤキニクトンヤ　ギュウゾウ

西武池袋線　富士見台駅北口　徒歩1分　練馬区貫井3-10-2 小池ビル2F

電話 03-3970-2257　営業時間 17:00〜24:00(LO23:30)※土日祝は16:15〜
休無　P無　席 75卓(最大)　喫煙 可　カード 不可　予約 可

_{menu}
49

a gourmet of Nerima

地元民に愛され20年！和牛にこだわる老舗焼肉店
焼肉ふじ咲
光が丘駅

お昼の日替りまかないランチはチーフのセレクトメニューで780円。得々セットはランチカルビ＋豚カルビで800円〜1000円。そのほかランチカルビセットや豚カルビ塩焼きセット、和牛セットとバリエーションは豊富。

チェーン店以外のお店が少ないと言われている光が丘地域に、20年続く焼肉店がふじ咲だ。ここのおススメは和牛のロースとカルビ。柔らかく、しっかりとした味付けのロース、ほどよく脂がのったカルビが人気。また月曜日〜金曜日にはランチタイムを実施。日替りまかないランチをはじめ、お昼から焼肉を堪能できる格安セットが多数用意されている。週末の夜は家族連れやカップルで広い店内も賑やかになる。

焼肉ふじ咲
ヤキニクフジサキ

大江戸線　光が丘駅徒歩8分　練馬区高松5-11-20　2F

電話 03-5393-8723　営業時間 ランチタイム11:30〜14:00(祝日を除く月〜金)
ディナータイム17:00〜24:00　休月　P有　席38席　喫煙可　カード可
予約可

ディナータイム　キムチ、ナムル、無農薬サンチュから一品無料サービス

menu 50

a gourmet of Nerima

ブラジルシュラスコ料理をブッフェスタイルで楽しめる練馬でただ一軒のお店

ブラジリアンレストラン　コパ

地下鉄成増駅

ランチは500円からと格安。ランチのシュラスコは、「ミニシュラスコセット」（1000円）、シュラスコ（1800円）が用意されている。ディナーでは飲み放題、食べ放題の時間制（120分）ワンメニューとなる。種類豊富なサラダーバー、豪州産の牛肉をはじめ豚肉、鶏肉と、上質な部位を堪能し、さらにブラジルのフェイジョアーダ（豆料理）を国産米で、シメはデザートの焼きパイナップルと、豪快な食を楽しむことができる。

この店の歴史は外苑前にあったシュラスコ料理の有名店「サバス東京」「コパ東京」に遡る。立ち退きでやむなく閉店となった同店の暖簾を2007年に現店主が受け継ぎ、成増でオープン。2012年に現在の旭町へ移転して3年が経つ。店主はブラジル移住経験、そしてサバス東京ではスタッフとして勤務し、独立後はかつての人気店の味を再現して提供する。ランチはセレクトメニュー、ディナーはワンメニューで時間制120分の飲み放題、食べ放題。牛肉、豚肉、鶏肉をテーブルで串から切り落として食べるブラジルスタイルの豪快さに感激するリピーターは多数。

ブラジリアンレストラン　コパ

ブラジリアンレストラン　コパ

有楽町線　地下鉄成増駅　徒歩2分　東武東上線　成増駅　徒歩6分
練馬区旭町3-26-4　2F

電話 03-5383-8683　営業時間 ランチタイム　11:30～14:30(LO13:30)
ディナータイム17:00～23:00(LO22:00)　休日 P なし（近くにコインパーキング多数有）
席 34席　喫煙 分煙　カード 可（本書サービス利用時は不可）　予約 可　店主 板橋区出身

ランチタイム　食後のコーヒー一杯サービス
ディナータイム　飲み放題2000円→1300円、
食べ飲み放題5200円→4500円
火・木限定（祝・祝前日を除く）1ドリンクサービス
のいずれか

menu 51

a gourmet of Nerima

地域に根付き、多くの地元民が足繁く通う名店
そば処 田中家

井荻駅

そばと天丼がセットになった天丼合わせ（1280円税込）。合わせセットは天丼以外にかつ丼、親子丼もあり。そのほか小鉢・香の物・みそ汁も付く。そばツユは、一級品の本カツオ節を仕入れ、店で削ったものでダシをとっているため、かぐわしい香りが鼻を抜ける。平成元年に改装した純和風の造りの店内は、掃除が行き届き清潔感たっぷり。上の写真は、左から店主の小見野明男さん、息子さんの茂文さん、弟さんの信男さん。

店主の小見野明男さんと弟さん、ふたりの息子さんと共に家族で営むアットホームなそば屋。農家育ちの店主が、下高井戸の名店「晶久」で2年間修業し、東京オリンピックが開催された昭和39年に地元で開店。当時、周りは畑ばかりで、飲食店はかなり珍しかったそう。創業以来、地元の人々に愛され続けるそばは、北海道幌加内の契約農家から直接仕入れるそば粉を使用。息子さんが毎朝手打ちする二八そばは、ほどよいコシとなめらかなのど越しが楽しめる。2階には宴会場があり、冠婚葬祭や地域の集まりで使われることも多い。

そば処 田中家
ソバドコロ　タナカヤ

西武新宿線　井荻駅北口　徒歩11分もしくはバス停喜楽沼からすぐ　練馬区南田中4-7-4

電話 03-3996-4440　営業時間 ランチ11:00～14:00　ディナー18:00～21:00
休 木　P 有　席 40席(最大)　喫煙 可　カード 不可　予約 可

menu 52

a gourmet of Nerima

練馬で栽培された蕎麦が味わえる、希少な店
蕎麦に銘酒 野饗

石神井公園駅

産地の異なる2種類のそばを食べ比べできる「利き蕎麦 もり」(1300円税込)。この日は「長野県南相木産の熟成そば」(写真右)と「地元練馬産のそば」。5種類の醤油を使った返しと厚削りのだしが決め手のそばつゆも風味抜群。また生産者から直接仕入れる野菜を中心に使った「季節野菜の天ぷら」をはじめ、「厚切り鴨の炙り焼き」や「九条ネギのだし巻き卵」、「鰹の酒盗」など、お酒に合う一品料理も充実。店内はカウンター席の奥にテーブル席を完備。

店名の野饗は"野の収穫物で饗宴する"という意味。その名の通り、山越龍二店主はさまざまな産地のそばを仕入れ、ブレンドすることなく、そのそばに合わせて挽き方、打ち方、茹で方を変えている。たとえば長野県南相木産のそばは、熟成させた方が驚くほど風味が良くなることを自らの研究で知り、打ってから4℃の冷蔵庫で1週間ほど熟成させてから提供する。さらに練馬や板橋の農家と協力して、そば栽培も開始。実際に畑に入り、種まきから収穫までをみずから行なう。そばに対する思い入れが強い店主が打つそばも、じつにコシが強く風味豊かである。

蕎麦に銘酒 野饗

ソバニメイシュ ノアエ

西武池袋線　石神井公園駅南口　徒歩3分　練馬区石神井町3-27-16

電話 03-5393-6899　営業時間 ランチ12:00～14:00　ディナー18:00～22:00　日曜は12:00～20:00　休 月(祝日の場合は翌日)　P 無　席 16席(最大)　喫煙 不可　カード 不可　予約 可

menu 53

a gourmet of Nerima

作りたて焼きたての美味しさがわかる本物のお菓子
おかしの家 ノア
上井草駅

王道のいちごのケーキ（４４２円税込）、パイのお皿にキャラメルをつけた小さなシューをはりつけ、キャラメルクリームを絞ったサントノレ（４６３円税込）。コク深いブレンドコーヒー（４４２円税込）やドイツの紅茶メーカー「ロンネフェルト」のリーフ茶（５１５円税込）など、ドリンクメニューも豊富。ステンドグラスやシャンデリアが目を引くティールームは広々としていて開放的！

山下忍社長が都内で修業後、１９７５年に練馬でも珍しい洋菓子店を開店。３月５日で創業４０年を迎える老舗だ。「作りたて、焼きたての美味しいを味わってもらうために、作り置きは可能な限りしません。毎朝、生地づくりから始めます。食べて口に残らないお菓子をつくるように心がけています」と山下社長。バターやチョコレートなどこだわりの原材料を使えば、自然に溶けていくので口に残らないのだとか。併設のティールームでは、店内で販売している生菓子や焼き菓子などとともに、ドリンクを味わいながら優雅なティータイムが過ごせる。

おかしの家 ノア
オカシノイエ　ノア

西武新宿線　上井草駅北口　徒歩13分　練馬区下石神井6-40-3

電話 03-3995-7273　営業時間 9:30～18:30　休 水　P 有　席 30席(最大)
喫煙 不可　カード 不可　予約 不可

menu 54

a gourmet of Nerima

そば業界期待の新店が練馬に出現

石神井 こねり庵

上井草駅

「せいろそば」860円（税込）。淡く緑がかったそばは、つなぎを使用していないため、噛むと甘みが口いっぱいに広がる。1本ずつエッジが立っていて、ほどよい歯ごたえ。昼は2700円〜、夜は5400円（税込）〜のコースも用意。100％そば粉をお湯で練ったモッチモチのそばがきなどの一品料理も人気が高い。無垢にこだわる家具工房「KOMA」のオーダー家具が配された店内からは、よく手入れされた庭が見渡せる。

「おかしの家 ノア」（→P.60）の裏手の住宅地にひっそりと佇むそば屋。柏に本店を構える名店「竹やぶ」の阿部孝雄氏のもとで5年半修業した山下慎平店主が、満を持して2014年1月にオープンした新店で、同業の間でも今後の活躍が注目されている1軒だ。新潟、山形、栃木、福井、岐阜県で秋に収穫した良質な玄そばを仕入れ、低温貯蔵。それを毎日石臼挽きして手打ちしているので、風味豊かなそばが味わえる。名物の「せいろそば」のほか、そばの実を殻ごと挽いた「田舎そば」、1週間かけて柔らかく炊いたにしんがのる「にしんそば」など、どれも絶品。

石神井 こねり庵
シャクジイ　コネリアン

西武新宿線　上井草駅北口　徒歩15分　練馬区下石神井6-41-30

電話 03-6913-3706　営業時間 ランチ11:30〜15:30(LO15:00)　ディナー18:00〜21:00(LO20:30)　土11:30〜21:00(LO20:30)　日祝11:30〜20:00(LO19:30)　休 水(祝は翌日)　P 有　席 21席(最大)　喫煙 不可　カード 不可　予約 コースのみ可

menu 55

a gourmet of Nerima

ホテル仕込みの腕利きシェフのフレンチを手軽に

M's Dining

上井草駅

フランス産フォアグラのソテーと練馬大根のコンソメ柔らか煮添え（１４８０円税別）。練馬区観光協会が選ぶ「ねりコレ」の認定商品でもある。クセのない上質なフォアグラと、甘く煮込まれた練馬大根（旬の時以外は三浦大根などを使用）がマッチ。隠し味に醤油を入れた自家製ソースも軽やか。フラッと気軽に立ち寄れるカジュアルな店構えで黒を基調とした店内は、ゆったりとした雰囲気で落ち着いて食事が楽しめる。

「ホテルエドモンド（現メトロポリタンエドモンド）」などいくつかのホテルを経て、「立川グランドホテル」で西洋料理の料理長を務めたフレンチ歴３５年の増田和彦オーナーシェフ。「本物のフレンチを地元の練馬の人々に味わってもらいたい」と、ホテルを辞め６年前に独立。食材に妥協しない姿勢は、ホテル時代から変わらず、鎌倉や三浦半島、漁港、築地市場など、自ら産地に出向き、おいしい食材を仕入れる。その食材に合ったソースも上品でレベル高し！それでいてこのコストパフォーマンスの高さは、都内では絶対に味わえない。

M's Dining
エムズダイニング

西武新宿線　上井草駅北口　徒歩4分　練馬区下石神井4-22-11

電話 03-3904-5927　営業時間 17:30～2:00　※ランチは貸切予約営業　休 不定休　P 有　席 28席（最大）　喫煙 可　カード 可　予約 可（予約がおすすめ）

ボトルキープ 20%割引

腕利きシェフがもてなすエスプリ薫る一皿
ビストロ・デザミ
上石神井駅

農園野菜のテリーヌ・モザイク仕立て（1800円税込）。ニンジンはバターとクミン、キュウリはショウガ、シイタケは八角で味付け。10種類程の野菜がそれぞれの個性を放っているのに、口のなかで見事に調和するのがすばらしい。この丁寧な仕事ぶりには、他店のシェフからも信頼を集める。以前は写真の現像も趣味にしていた中村シェフ。店内にはアンティークのカメラやフランスで撮影したモノクロ写真が飾られている。

麹町の人気フレンチレストラン「オー・グー・ドゥ・ジュール」で総料理長を務めた中村氏がオーナーシェフを務める。「フランス料理というと堅苦しく考えがちですが、みなさんに気兼ねなく取り分けてもらえるように、お肉もどーんと大きく焼いています。それにそのほうがおいしいですから。ここがフレンチを食べるきっかけの店になってくれたらうれしいです」。パリでの修業後、帰国してすぐに考えたメニューが店の定番になっているそう。作り手のエスプリを閉じ込めたかのような彩りあふれる一皿一皿が、パリの息吹を感じさせる。

ビストロ・デザミ

ビストロ・デザミ

西武新宿線　上石神井駅北口　徒歩3分　練馬区上石神井2-29-1

電話 03-6904-7278　営業時間 ランチ11:30～14:30　ディナー18:00～22:30　休 水・第1木曜　P 無　席 22席(最大)　喫煙 不可　カード 不可　予約 可

menu 57

a gourmet of Nerima

普段着で行けるビストロの名物キッシュ

ビストロ　ティエンヌ

上石神井駅

キッシュ・ロレーヌ（700円税込）。ランチタイムはキッシュのランチ（1080円税込）でもいただける。生地は生クリームと卵、中身はタマネギとベーコンのみという、シンプルかつオーソドックスなレシピで仕上げてある。「生地のおいしさも味わってほしい」と中通さん。しっとりした生地とタマネギの甘みが溶け合い、キッシュ好きにはたまらない！定番メニューは残しつつ、これからはジビエにも挑戦してみたいとか。

「ザ・ペニンシュラ東京」「パークハイアット東京」といった都内の有名ホテルで約10年間活躍した後、「ホテルとは違ったことをやってみたい！」と、住まいのある練馬で店を開いた中通オーナーシェフ。「ご近所さんは、普段着で訪れる人が多いです」と話す中通さんだが、よく見れば自身の服装もかなりのカジュアルスタイル！エッフェル塔のオブジェやフランスの風景写真などが飾られた店内も遊び心たっぷり。中通さんが手作りする素朴で優しい味わいの料理は、ほかのレストランのシェフがよく食べにくるほど評判が高い。

ビストロ　ティエンヌ

ビストロ　ティエンヌ

西武新宿線　上石神井駅南口　徒歩6分　練馬区上石神井1-39-26

電話 03-6279-7759　営業時間 ランチ11:30〜13:00(LO)　ディナー18:00〜21:00(LO)　休水　P無　席 15席(最大)　喫煙 不可　カード 不可　予約 可

ディナータイム　ドリンク1杯無料サービス

menu 58

a gourmet of Nerima

ファミリー層にやさしいうどんレストラン

海のしずく

上石神井駅

豆乳味噌うどん（1080円税別）。豆乳、信州味噌、そして隠し味のチーズが三位一体となり、食べだしたらとまらない一杯。麺は、3種類の国内産小麦粉をブレンドし、店内で製麺した打ちたてを提供。モチモチとした食感が特徴で、6種類の素材で作るダシと好相性。そのほか創作うどんが豊富にそろい、どれも美味。店内にはテーブル席、カウンター席、掘りごたつの席を完備。ファミリーのほか、一人客も多く訪れる

「双子とその下にもうひとり子どもがいるんですが、子供連れで食事に行くことは本当に大変なんです。そのことを身をもって体験したので、子育て中のパパ・ママにもゆっくりと食事が楽しめる場所を提供したいという思いで、2014年5月に店を開きました」と話すのは、オーナーの高嶋史裕さん。その言葉通り、ランチタイムやディナータイムの早い時間は、子ども連れの家族でいつもいっぱい。店内にはキッズルームもあり、おむつ台など、子ども用設備も充実。「子どもも安心して食べられるよう、添加物は一切使っていないんですよ」。

海のしずく

ウミノシズク

西武新宿線　上石神井駅北口　徒歩4分　練馬区上石神井4-5-1

電話 03-6767-0429　営業時間 ランチ11:00～14:30(14:00LO)　ディナー17:00～21:00(20:00LO)※金・祝前日は～22:30(21:30LO)　土11:00～22:30(21:30LO)　日.祝11:00～21:00(20:00LO)　休 無　席 45席(最大)　喫煙 不可　カード 不可　予約 可

ディナータイム　ソフトドリンク1杯無料サービス

※他との併用はできません

a gourmet of Nerima

自然派ワインとイタリアンのマリアージュ

nakayana

上石神井駅

ランチAセット（1000円税込）は、サラダ、週替わりの3種類から選べるパスタ、デザートにドリンクが付く。この日のパスタは、ボローニャ風ミートソース タリアテッレ（単品1000円でディナータイムも注文可）。肉のジューシーさが後引く旨さで、果実味あふれるイキイキとした自然派ワインとも合う。こじんまりとした店内ながら、居心地抜群。オーナー夫婦の子どもが出迎えてくれることもあり、子ども連れも大歓迎！

「2012年のオープン当時は、上石神井周辺にイタリアンやフレンチの個人店が少なかったため、かなり珍しがられましたね」と話すのは、オーナーシェフ。吉祥寺の名店「トレンタトレ」をはじめ、フィレンツェやミラノのトラットリアなどでも修行を積んだオーナー夫妻が切り盛りする。シェフが作る料理は、食材の持ち味を生かしながら、長い余韻が楽しめる一皿ばかり。得意とするパスタ料理もトマト系やクリーム系など、10種類以上がそろう。イタリアやフランスを中心に、常時40種類の自然派ワインもラインナップ。

nakayana	
ナカヤナ	

西武新宿線　上石神井駅南口　徒歩3分　練馬区上石神井1-10-2

電話 03-3594-3979　営業時間 ランチ11:30〜14:00(LO)　ディナー18:00〜23:00(LO)※日のみ22:00(LO)　休水　P無　席10席(最大)　喫煙 不可　カード 不可　予約 可

ランチタイム
自家製パン2名様につき1皿無料サービス
ディナータイム
自家製パン2名様につき1皿無料サービス

menu 60

a gourmet of Nerima

オープンからわずか2年で人気店の仲間入り!
Winebar & Kitchen AC 上石神井
上石神井駅

オーブンでこんがり焼いた、カリフラワーとゴルゴンゾーラのグラタン(650円税込/メニューは日替わり)。あふれるほどに盛られたチーズと濃厚なクリームソースの相性は抜群。深夜まで営業していることもあって、近くのレストランのシェフが顔を出すこともしばしば。「うちは、お酒が中心のワインバーですが、おいしい料理を少しずつ味わってもらうというスタイルでやっていきたいと思います」と小林さん。

「残業で遅くなっても手軽に飲めるようなワインバーがあったら……」と、小林玄典オーナーシェフが店をオープンした途端、「こういう店を待っていた!」とワイン好きを中心に口コミで広がり、瞬く間に話題の店に。20代の頃、スペイン料理店やイタリア料理店を掛け持ちしていたという小林さんが創り出すメニューは全て日替わり。そのことからもレパートリーの幅広さがうかがえる。前菜からデザートまで全て一人で作っているが、厨房から遠くのテーブル席に気を配ることも忘れない。初めて行っても居心地の良さを感じるお店だ。

AC 上石神井
エーシーカミシャクジイ

西武新宿線　上石神井駅北口　徒歩1分　練馬区上石神井2-23-8

電話 03-6904-8639　営業時間 ディナー18:00〜25:00　休月　P無　席 18席(最大)　喫煙 不可　カード 不可　予約 可

dinner

ドリンク1杯無料サービス

column.3

練馬区在住者中心の創作家を
世に出すお手伝いをする店

　練馬駅北口を降りて、弁天通りをめざして歩いてみると、その弁天通沿いに珈琲の挽売をしている店が目に飛び込んでくる。ここ「ビーンズアクト」の本業は珈琲豆の販売だ。が、店内に入ると、その本業より目立つ展示がある。そこは「モノを通じたコミュニティ」という名の空間。この店は地域コミュニティという文化を発信するさまざまな取り組みを行なっている。

　店主の蜂谷京子さんは、かつて江古田でマーケティング会社を運営。その後この地でお店も始め、やってみてわかった「個人店運営の厳しさ」を痛感したひとりだ。「はじめはお店の陳列スペースをどうやって(リスクなしに)埋めようかといった安易な発想」(蜂谷氏)でスタートしたレンタルボックスだったが、「モノづくり」を通じたコミュニティには大きな意義があると気づくことに。とくに障がい者による「モノづくり」の技術の深さに驚かされ、知らなかったことの知る体験と発見の大事さを経験する。

　「素通りするのはもったいない。接することで経験できるのならば、その機会を積極的につくろう」(同氏)とモノづくりが好きな人たちが集まる現在のカタチを整えた。今では主婦を中心としたモノづくり教室、地方の物産展などもここで定期的に開催する。

　一方で、交流のあるお店との輪を地域活性につなげるため、「まめっ歩」というお散歩MAPも発行。このMAP掲載店で買い物や食を楽しんでもらうため、スタンプラリー機能を付けて、このお店で特典が受けられるように工夫。ささやかながら、発信する役目も担っている。「そのお店が長く続くことも文化。モノづくりやそのモノを通じたコミュニティも文化です」と、小さな情報発信基地は地域の良さを伝えるバイタリティに衰えを見せない。

常連客に愛されるカジュアルなビストロ
CAFÉ/BISTRO CHEZ VOUS
大泉学園駅

黒毛和牛のポワレ ボルドレーズソース（1800円税込）。黒毛和牛はその時期に一番おいしいものを仕入れている。柔らかな牛肉にからむボルドレーズソースはポルト酒が入り、深みとコクがたまらない。ソースが余ったら、ぜひ自家製のパンにつけてどうぞ。昼間は全面ガラスから自然光が降り注ぐ明るい店内だが、夜は一転、照明を落としてぐっと落ち着いた雰囲気に。店は大泉通りから東映通りに入る角にあり、カップルや友人同士、家族連れで賑わう

都内のフレンチ・イタリアンで約20年腕を磨いたあと、最初に石神井公園近くに「CHEZ VOUS」を開店させたオーナーシェフ。5年前にその店を移転するにあたり、できるだけ地元から離れたくないと、一駅隣の大泉学園に決めたという。ランチにもディナーにも使い勝手がよくカジュアルな雰囲気だが、厳選した素材を使った本格フレンチが大評判。ホテルの料理長まで務めたシェフを新たに迎え、チーズの販売やワゴンでのテーブルサービスなど、ゆったりとした空間を活かした新しい試みにもチャレンジ。これからの進化が楽しみな一軒だ。

CAFÉ/BISTRO CHEZ VOUS
カフェ　ビストロ　シェブー

西武池袋線　大泉学園駅北口　徒歩10分　練馬区東大泉2-7-1

電話 03-3978-7838　営業時間 ランチ11:30～15:00（※パスタランチは～14:00）ディナー17:30～23:00（22:00LO）　休 火　P 有　席 50席（最大）　喫煙 可　カード 可（ディナータイムのみ、ランチタイムは1万円以上）　予約 可

ウェルカムドリンク1杯無料サービス

※特典付与は平日のディナータイムのみ（土日は除外）

a gourmet of Nerima

タンメン好きをうならせる、大泉の聖地
たんめん本舗 ミヤビ
大泉学園駅

坦々たんめん（800円税込）に大判の焼豚（200円税込）をトッピング。たんめんは、ハクサイやモヤシ、ニンジン、かぼちゃなどの野菜が、麺を覆い隠すほどてんこ盛り！　ピリ辛のスープは、一口飲んだだけでゴマの風味が口いっぱいに広がり、モチモチの中太麺ともよく合う。ボリューム満点だが、スープまで全て飲み干してしまうほどの旨さ。店はビルの中にあるので「野菜足りてますか？」という外の看板を目印に

池袋にあるホテルの中華料理店や、原宿「龍の子」で腕を振るったあと、まぜそばで知られる練馬「やまの」を経て、1年半前に独立した大野俊一店長。メニューをタンメンだけに絞ったのは、中華料理店で修業していたときから、今後は何かひとつを極めようと思っていたからとか。辣油や芝麻醤も自家製というこだわりからもその心意気が感じられる。厨房から接客まで手際よく一人でこなし、その無駄のない動きは見ていて気持ちがいい。黒で統一されたカウンターのみの店内はさながらバーのようで、男性の一人客がメインかと思いきや、家族連れやカップルも続々食べにくる。

たんめん本舗　ミヤビ	
タンメンホンポ　ミヤビ	

西武池袋線　大泉学園駅南口　徒歩4分　練馬区東大泉6-34-28

電話 03-5935-4212　営業時間 ランチ11:30〜15:00(LO)　ディナー18:00〜22:00(LO)※日は〜21:30(LO)　休月　P 無（近くにコインパーキングあり）　席 8席(最大)
喫煙 不可　カード 不可　予約 不可

menu 63

a gourmet of Nerima

ボリューム満点でサクサクの絶品とんかつ

とんかつ 多酒多彩 地蔵

大泉学園駅

長さ20cmの特大海老フライ、イカ、ホタテ、ヒレかつが楽しめる松御膳（1780円税込）は、白米or十穀米が選べるご飯とみそ汁付き。ご飯とみそ汁、キャベツはおかわり自由。冬になると牡蠣フライ目当てのお客さんも多くなり、広島県江田島産の牡蠣を粒の大きさにこだわって仕入れているとか。以前はそば屋だったという太い梁のある店内は、シックで落ち着ける。最近の男女比は意外にも女性のほうが多いそう

「別の飲食店で働いていたとき、自分の休憩時間に営業している店が少なく、いつもガッカリしていました」という経験から、馬屋原誠店主が独立してオープンしたこの店は、休みなしの通し営業。「自分が満足するものを作りたい」と、肉だけでなくパン粉にもこだわり、食パンを粉砕した長さ14mmもの焙煎式パン粉だけを使っている。100％植物性のキャノーラ油で揚げているから、食感もサクサク。「付け合わせの野菜は、できるだけ地元産を使っています。大泉の春キャベツもおいしいからぜひ食べにきて」。スタッフの気さくで温かい接客も光る。

とんかつ 多酒多彩 地蔵

トンカツ　タシュタサイ　ジゾウ

西武池袋線　大泉学園駅北口　徒歩1分　練馬区東大泉1-30-9

電話 03-3923-7939　営業時間 11:30〜23:30(LO22:30)　休 無　P 無
席 29席(最大)　喫煙 平日15:00〜可(土日祝は終日不可)　カード 可　予約 夜のみ可

all time

特製オリジナルソース or 特製ドレッシング（各500円相当）を無料プレゼント

※食事された方限定

menu 64

a gourmet of Nerima

古き良きアメリカを感じさせるダイナー
BUTCHER'S TABLE

大泉学園駅

チェダーチーズがとろ〜りと絶妙にとろけるベーコンチーズバーガー（1250円税込）が一番人気。高さ10cm以上あるので、豪快にほうばろう。肉汁たっぷりのパティはもちろん、バンズからはみ出るほど大きなベーコンも美味。アメリカンポップ調に統一された店内は、コカ・コーラのテーブルやファイヤーキングのカップが並び、1950年代のアメリカの雰囲気さながら。天気が良い日はテラス席もおすすめ。

神楽坂の飲食店で働いていたという星川店長とオーナーが意気投合し、練馬でも数少ないアメリカンダイナーを開店させたのが6年前。「この周辺では大変珍しいテイストの店ですが、若い頃にアメリカで食べたハンバーガーを思い出すというお客様も多いです」と星川店長。それもそのはず、ハンバーガーは本場に負けないビックサイズ！ 粗挽きの牛肉を使ったパティは、肉の旨みと脂の甘みを感じられとってもジューシー。サイドメニューの「丸ごとオニオンリング」（650円税込）もイチオシで、特製のケチャップをつけて召し上がれ。

BUTCHER'S TABLE
ブッチャーズテーブル

西武池袋線　大泉学園駅北口　徒歩10分もしくはバス停東映撮影所前　徒歩3分
練馬区東大泉2-9-18-105

電話 03-5947-4414　営業時間 ランチ11:00〜15:00　ディナー18:00〜23:00（LO22:00）※土・日・祝は11:00〜23:00（LO22:00）　休 無　P 無　席 30席（最大）　喫煙 ディナータイムのみ2席可　カード 不可　予約 ディナータイムのみ可

a gourmet of Nerima

幅広い年代に愛される、大泉の名物居酒屋
酒蔵　あっけし
大泉学園駅

ホタテの醤油漬け（450円税別）は、刺身用を使っているため身がふっくらと柔らか。左奥は、さっぱりとした風味の秋刀魚の酢漬け（350円税別）、ニシンを使ったものもあるが、サンマというのが珍しい。右奥はイカの沖漬け（350円税別）。駅からすぐという好立地なので、電車でも終電ギリギリまで飲めそう。ランチタイムのボリューム満点の日替わりランチ（650円税別）もご近所サラリーマンの強い味方。

勤めていた「玉乃光酒造」の直営店から脱サラした、北海道厚岸（あっけし）町出身のご主人が始めた店が、いまや押しも押されもせぬ地元の人気居酒屋に。オーナーの奥さんのご実家は厚岸の漁師ゆえ、店で提供する食材については鮮度も味もお墨付き。「一番ダシの昆布は兄から、山菜は弟から……」と、今日も厚岸から海や山の幸が届く。比較的早い開店時間の理由は、17時からの営業だったとき、それより前にお客さんが次から次へと入ってきたから。小上がりのある広い店内は昭和の趣きがあり、たまに現れる店の看板猫にも心和む。

酒蔵　あっけし
サカグラ　アッケシ

西武池袋線大泉学園駅南口　徒歩0分　練馬区東大泉5-41-13

電話 03-3978-0032　営業時間 ランチ11:00〜14:00　ディナー16:00〜23:20 ※日祝は〜22:20　休 無　P 無　席 60席(最大)　喫煙 可　カード 不可　予約 可

a gourmet of Nerima

練馬に長谷川のうどんあり。これはもはや名作

手打ちうどん 長谷川

大泉学園駅

艶やかな糧(かて)うどん 780円(税込)。糧とは、うどんに添えるおかずや野菜のこと。つけ汁には、地場野菜と豚肉がたっぷりと入る。練馬は小麦粉の収穫量が多かったため、うどんを食べる文化が根付き、農作業の合間にうどんを食べるのが一般的だったとか。そして木の温もりのある店内に流れるのは、なんとハワイアンミュージック!「ハワイが好きなんです。優しくてあったかいイメージが、うどんにも合うと思って」

「石神井台にあった『エン座』のうどんは、幼いときに香川県に旅行して食べた讃岐うどんそのもの。何十年も前だったのに、突然"喉の記憶"が蘇ってきたんです」と話す店主の長谷川さん。そのうどんに惚れ込み、脱サラしてこの世界に飛び込んできた。新座産の地粉と香川県の小麦粉をブレンドさせたコシのあるうどんは、ふすま(小麦の皮)がほどよく主張し、滋味あふれるつけ汁によくなじむ。豚バラ大根やきんぴらなどの女将の一品料理も好評で、目利きの店主が選んだ純米酒とともにゆっくり味わいながら、最後はうどんでしめるのもいい。

手打ちうどん 長谷川
テウチウドン ハセガワ

西武池袋線　大泉学園駅北口　徒歩2分　練馬区東大泉4−3−18
電話 03−3922−2626　営業時間 ランチ11:30〜14:30　ディナー18:00〜20:30(LO20:00)　休日・第1火曜※祝日の場合は翌日　P無　席 22席(最大)　喫煙 不可　カード 不可　予約 可

a gourmet of Nerima

素材にこだわった、どこか懐かしい和スイーツ

甘味処 華樓

大泉学園駅

アイスの代わりにソフトクリームを使ったクリームあんみつ（500円税込）は、あっさりとした餡とソフトクリームが上品に調和。BGMが一切なく、蛍光灯の音すら聞こえてきそうな静けさだが、日々の喧噪を忘れさせてくれるオアシスのような空間が素敵。何年も通い続けるファンが多く、最近は男性の一人客も珍しくないとか。店内に整然と飾られている盆栽は、川崎さんが丹誠込めて育てたもので、気持ちを和ませてくれる。

「帝国ホテル」でシェフとして働いていた親方の元で、高さ2mもの巨大なウェディングケーキ作りをしていた店主の川崎和人さん。その後、長野県松本市の老舗和洋菓子店「開運堂」での修業を経て独立。「洋菓子と和菓子の両方で長くやってこられたのは、人に恵まれたからです」とやわらかく微笑む。北海道の大納言を煮込んだ餡、鹿児島県の財宝温泉のまろやかな水で作る寒天を使用したあんみつが人気。天然氷を使ったかき氷は一年中食べられるが、夏季は店の外に行列ができることもあるので、シーズンオフに食べるのがおすすめ。

甘味処 華樓
カンミドコロ ガロ

西武池袋線　大泉学園駅南口　徒歩2分　練馬区東大泉5-41-6

電話 03-3924-5724　営業時間 11:00〜20:00　休 水
P 無　席 16席(最大)　喫煙 不可　カード 不可　予約 不可

---

all time

ポルボローネ1個無料サービス

menu 68

a gourmet of Nerima

地元民に憩いの場所を提供する老舗喫茶店
喫茶 アン

大泉学園駅

オムライス（７５０円税込）はサラダつき。たっぷりの卵でフワフワにとじてあり、どことなく懐かしい味わい。店内にはオーナーのお母さんが手作りのプードルのマスコットのほか、貝殻のオブジェやジグソーパズルなどが飾られる。生き生きした観葉植物があふれ、緑もいっぱい。アクセントにもなっている緑のイスは何度も張り替えて大事に使っているとのこと。マニュアル重視のチェーン店にはない、細やかな気配りもうれしい。

生まれも育ちも練馬、以前はバリバリのキャリアウーマンだったオーナーの岡本さんが、自分が若い頃によく行っていたような店を開きたいと始めた喫茶店。今年で開店３３年目となり、親子で通い続けるお客さんがいたり、高校生だったお客さんが数年後に結婚報告にきたりと、地域で欠かせない社交場のような場所だ。朝はご近所さんがモーニングに、昼時になると外回りの途中と思しきビジネスマンが食事をしに、しばしの憩いを求めて来店する。昭和の喫茶店の雰囲気をそのまま真空パックしたようなこの空間、このまったり感が癖になるはず。

喫茶 アン
キッサ　アン

西武池袋線大泉学園駅北口　徒歩1分　練馬区東大泉1-30-3

電話 03-3921-6909　営業時間 月〜土　8:00〜19:00※日・祝は8:30〜18:30　休 不定休　P 無　席 38席(最大)　喫煙 可　カード 不可　予約 可

a gourmet of Nerima

フランススタイルの洋菓子専門店
アルカション
保谷駅

看板メニューのマダム アルカション（470円税込）とエスプレッソコーヒー（380円税込）。カスタードタルトの上にキャラメリゼした洋ナシとチョコレートのババロア、ハーブ系のリキュールが香るケーキ。口当たり滑らかで、シェフの奥さんが大好きなケーキなのでこの名が付けられた。マカロンやカヌレ、惣菜パン、チョコレート、ジャムなども販売。サロンでは、エスプレッソや紅茶のほか、アルコール類も揃う。

森本慎オーナーシェフは吉祥寺「レピキュリアン」、小田原「ブリアン アヴニール」を経て、2001年に渡仏。ボルドー地方のパティスリーで3年修業を積んだ。そのときに修業したのが港町「アルカション」という小さな港町。シェフが一番思い入れのある街で、その街にあるようなお店を日本でもつくりたいと、その地名を店名に選んだ。フランスやベネズエラ産のチョコレート、スペイン産のアーモンド、国産小麦など、国内外の良い食材を選び抜き、納得のお菓子づくりをモットーにしている。併設のサロンでは、すべての商品を味わうことができる。

アルカション
アルカション

西武池袋線　保谷駅北口　徒歩3分　練馬区南大泉5-34-4

電話 03-5935-6180　営業時間 10:30～20:00(ティールームLO18:00)
休 月(祝は翌日)　P 有(向かいのコインパーキングのサービス券を贈呈※1000円で20分、2000円以上で40分)　席 9席(最大)　喫煙 不可　カード 不可　予約 可

menu 70

a gourmet of Nerima

コースの〆に味わえる、手挽き十割そば

そばきり すゞ木

保谷駅

写真は十割そば。再仕込み醤油が決め手の返しとカツオ節の風味豊かなダシ汁で作るそばツユが美味。エッジが効いたそばは喉越し最高。蕎麦三昧コースは、前菜・そば豆腐・そばがき・2種のそば・デザートが付く。さらに贅沢な蕎麦懐石コースは、酒のあてにもなる、手の込んだ小皿料理が5～6品供され、1時間ほどかけてじっくりと味わえる。生花瓶など、センスの良い調度品が飾られ店内は、間接照明が優しく灯る、大人好みの雰囲気。

住宅街にひっそりと佇む、知る人ぞ知る名店。店主の鈴木教容さんが、自宅のガレージを改装してモダンな雰囲気のそば屋を18年前に開店。石臼を手で回して挽く"手挽き"にこだわっているため、1日20人分程度のそばしか打てない。そのため昼のみの営業で、メニューは蕎麦三昧（１５００円税別）とおまかせの蕎麦懐石（２５００円税別）のコースのみ。北海道・山形・茨城県から良質な玄そばを仕入れ、手挽きしたそば粉を手打ち。季節替わりで、トマトやチーズなどを使った変わり種と風味抜群の十割そばの2種類のそばが供される。

そばきり すゞ木
ソバキリ　スズキ

西武池袋線　保谷駅南口　徒歩8分　練馬区南大泉4-43-32

電話 03-5387-2010　営業時間 11:30～14:00※土・日・祝は2部制で11:30～12:45,13:00～14:00　休日 P有　席 14席(最大)　喫煙 不可　カード 不可　予約 可(そばが売り切れ次第終了なので予約がおすすめ)

menu 71

a gourmet of Nerima

ガッツリ肉食系の胃袋をわしづかみ！
キッチンきむら
保谷駅

4種のステーキ盛り合わせ1300円（税別）は、国産牛ステーキ50g、国産チキンステーキ100g、群馬産もち豚ポークソテー100g、国産牛豚の手こねハンバーグステーキ100gに、ライス・スープ・サラダが付く。ジューシーに焼き上げたハンバーグと焼き加減が絶妙なステーキという肉好きにはたまらない夢のコラボ。「できるだけ地元の人に来てほしいから取材はこれが最後かな〜」と、練馬に住んで50年になる店長の地元愛にも感動。

全てのメニューに上質な国産肉を使用し、店内に鎮座する大きな冷蔵ケースにはその日に使う肉の塊がスタンバイしている。「うちは、食べられるものにはお金をかけるけれど、食べられないものにはお金をかけない」と木村店長。全国展開する居酒屋チェーンの企画畑の出身だけあって、その理論は明快！水やスープは基本的にセルフサービス。4年前にオープンして以来、お客さんの好みに添ってメニューや肉のグラム数を少しずつ変えてきたとのこと。店内の壁に貼られた店長の手書きのメニューにも温かみを感じる。

キッチンきむら

キッチンキムラ

西武池袋線　保谷駅北口　徒歩2分　練馬区南大泉5-34-1

電話 090-6946-2478　営業時間 ランチ11:30〜15:00(LO14:00)　ディナー18:00〜22:00(LO21:00)　※日・祝は〜21:00(LO20:00)　休無　P無　席 19席(最大)　喫煙 可　カード 不可　予約 平日のみ可

menu 72

a gourmet of Nerima

江戸風俗研究家、杉浦日向子が愛したそば屋
手打ちそば にはち
武蔵関駅

　もりそば（880円税込）。ほどよく締まったそばは、歯ごたえも喉越しも抜群。店主自らかつお節を削ったダシ汁に厳選した素材を使いじっくり寝かした返しで作り上げたそばつゆも胃袋に染み渡る。お酒に合う一品料理も豊富に揃うので、そば屋で一杯も粋なもの。「階段箪笥」というアンティークの引き出しやそばちょこのデザインが愛らしいタペストリーなど、民芸調で上品にまとめた店内は温かみにあふれ落ち着いて食事が楽しめる。

　田無の名店「さらしな總本店」で腕を磨いた店主、藤原さんが13年前に独立。開店当時から口コミで話題をよび、早くも老舗の風格を感じさせる武蔵関の人気店だ。当初、店で提供していたのは二八そばだったが、十割のほうがおいしいという理由で、現在はつなぎなしの十割に変更。ただ、なじみのある店名はそのまま残した。
　毎朝、店内の石臼で丁寧に挽いているそば粉は、茨城のひたち大宮産、新そばの時期には北海道産を使用。かつてこの近所に住んでいたそば通で知られる故・杉浦日向子もこの店をこよなく愛し、足繁く通ったという。

手打ちそば　にはち
テウチソバ　ニハチ

西武新宿線武蔵関駅北口　徒歩2分　　練馬区石神井台7-9-6
電話 03-3920-2815　営業時間 ランチタイム11:30〜14:30　ディナータイム 17:00〜21:30　休火　P無　席 16席(最大)　喫煙 不可　カード 不可　予約 可

80

menu 73

a gourmet of Nerima

常連客も納得。先代から受け継ぐ変わらぬ味
ステーキハウス バッファロー
武蔵関駅

ガーリックステーキ（250g／2,160円税込）にはライスかパン、サラダがつく。口の中で柔らかくほぐれる肉とそれにからむソースも絶品。夏バテしやすい時期、スタミナをつけるために注文する人も多いとか。温かみのあるログハウスのような店内に一歩入った途端、ステーキが焼けるいい匂いで一気に空腹感が倍増してしまう。遠方で引っ越していったお客さんも「ステーキを食べるならやはりここで」とよく店を訪れるそう。

１９７９年に開店、６年前から店を引き継いだ二代目店主の田尻さん夫妻。現店主は高校時代からここでアルバイトをしながら、間近で先代の腕前を見て修業してきた。肉の食感を存分に生かしたオーソドックスでジューシーなステーキに、先代のころから足を運ぶファンが多い。メニューによっては肉のグラム数を５０ｇ単位で増やしてオーダーできるのもうれしい。「２，０００円台でお腹いっぱいになる幸せを感じていただきたい」と言う店主の言葉通り、店を後にするお客さんの顔はみんな、満足感で満ちあふれているのである。

ステーキハウス バッファロー

ステーキハウス バッファロー

西武新宿線　武蔵関駅南口　徒歩10分　練馬区関町南3-31-11

電話 03-3928-3974　営業時間 ランチ11:30〜14:00　ディナー17:00〜22:00　休水　P有　席 50席(最大)　喫煙 可　カード 不可　予約 可

lunch　dinner　　ソフトドリンク1杯無料サービス

a gourmet of Nerima

フランス帰りのシェフが仕掛ける武蔵関初のビストロ
ビストロカフェ Gava
武蔵関駅

オープン当初から価格を据え置き、店イチオシのメニュー「フォアグラ」（540円税込）。値段を二度見してしまうほど立派！滑らかで濃厚なフォアグラから出た油がマッシュしたサツマイモによく馴染む。「モーニング、ランチ、カフェ、ディナーと使い勝手がよいので、ゆっくり過ごせそうな朝、ぽっかり時間の空いた午後、お祝いごとがあったときなど、生活のエッセンスとして使って欲しい」と大村さん。女子会で使うグループも多いとか

どことなく夜のイメージが強いビストロだが、なんとこの店は朝9時からオープン！「パリでの修業時代、毎朝9時にビストロでエスプレッソを飲む習慣にしている人がいて、日本でそんな店を作りたいなーと思っていました」と、24歳で独立開店したオーナーシェフの大村尚輝さん。ふぐ料理店の板前からフレンチに転向したという異色の経歴をもつシェフだが、素材を生かした丁寧な料理はオープン当初から高い評価を得ている。昨年末、初めて「フレンチおせち」を売り出したところ、即完売してしまったそうなので、今年は早めの予約が吉。

ビストロカフェ Gava
ビストロカフェ　ガヴァ

西武新宿線　武蔵関駅南口　徒歩1分　練馬区関町北4-4-15

電話 03-6312-8612　営業時間 9:00〜23:00　休 木　P 無（近くに有料パーキング）　席 24席（最大）　喫煙 可　カード 可　予約 可

dinner
ディナータイム　スパークリングワイン1杯無料サービス
（17：00〜23：00）

menu 75

a gourmet of Nerima

西武ライオンズファンが集うイタリアン

Osteria! BANZAI

武蔵関駅

シェフ自慢のメニュー『トリッパ！牛もつの赤ワイン煮込み』。トリッパとはイタリア語で『もつ煮』のこと。鮮度の良い牛もつを赤ワインで煮込み、八丁味噌で仕上げたオリジナルのイタリアン料理だ。卵の黄身を軽く混ぜてパンを浸して食べるのがオススメ。和洋折衷なシェフの創作意欲が嬉しい。

ホテル『ニューオータニ』から独立しオープンしたオーナーシェフによる地元密着型イタリアン。その時々の旬な素材を使用した『日替わりカルパッチョ』が大好評。カルパッチョを肴にワイン（常時15種類のストック）を傾け居酒屋的に使用するお客様も多いとのこと。また店内には大型モニターやDVDプレイヤーもあり、サッカーワールドカップやスポーツ後の反省会等での利用も多い。オーナーシェフが大ファンの西武ライオンズ戦も観戦できる。20名以上なら貸切対応も可。

Osteria! BANZAI
オステリア　バンザイ

西武新宿線　武蔵関駅北口　徒歩2分　練馬区関町北4-7-10

電話 03-5903-8130　営業時間 ランチ 11:30～14:00　ディナー 17:00～23:00(L.O 22:00)　休 日　P 無　席 35席(最大)　喫煙 可　カード 不可　予約 可

ランチタイム　10% 割引（上限金額 1,000 円）
ディナータイム　10% 割引（上限金額 1,000 円）

a gourmet of Nerima

子ども連れのママが訪れる、アットホームなカフェ
River Cafe
武蔵関駅

River Lunch（1100円税込）。平田牧場三元豚と木綿豆腐、炒めたタマネギ、卵だけで作ったヘルシーな豆腐ハンバーグに、ご飯がついつい進んでしまう！彩り鮮やかなたっぷりの新鮮野菜に、玄米 or 白米が選べるご飯とみそ汁、お漬物も付く。日常にない空間を目指し、ブルーと白を基調とした店内にはジャズが心地よく流れ、庭の緑とブルーの窓枠が鮮やかに映える。外の看板は「Lakeside Factory」（→ P85）の明美さん作！

地元在住の河崎さん夫妻が、ご主人の定年をきっかけに3年半前に開店。料理を担当するのは、長年主婦として「生活クラブ」の食材を使い、家族の食事を作ってきた、マクロビの知識も豊富な奥さん。その経験を生かし、奇をてらわず、子どももおいしくモリモリ食べられる料理にこだわる。それぞれの素材の味わいがしっかりと感じられ「野菜ってこんなにおいしかったんだー！」と実感できる料理ばかり。ママたちに大好評のキッズメニューもあり。近所のママさんたちの手作り雑貨も販売。コンサートなど多彩なイベントも随時開催中。

River Cafe
リバーカフェ

西武新宿線　武蔵関駅　徒歩3分　練馬区関町北1-21-6

電話 03-6904-7272　営業時間 11:00～16:00(水,木,金)　11:00～18:00(土,日)　休月,火　P無　席20席(最大)　喫煙不可　カード不可　予約可

a gourmet of Nerima

小さな雑貨店に併設した小さな小さなカフェ
Lakeside Factory
東伏見駅

シフォンケーキ（450円税込）とコーヒー（350円税込）。ふんわりと柔らかいシフォンケーキに、甘さ控えめの生クリームと甘酸っぱいイチゴをトッピング。コーヒーは一杯ずつていねいに淹れたスッキリとした味わい。明美さんが作ったテーブルが並ぶカフェスペース。テーブルやチェスト、イスなど家具のオーダーも可能。木工教室も開催している。臨時休業もあるので、電話してから訪れるのがベスト

武蔵関公園のそばにひっそりと佇む小さな雑貨店に、1月26日待望のカフェスペースがオープン。ここは木工作家の鈴木明美さんが手がけるお店。自宅の隣に作ったスペースには、13〜14人の作家さんが手作りした雑貨や小物、衣類がところ狭しと並ぶ。もちろん明美さんが作った作品も購入できる。カフェといっても8席しかない小さなスペースだが、静かな空間で手作り雑貨を眺めながら過ごすひとときは、喧騒を忘れのんびりできる。ひとりで訪れても、明美さんが話し相手になってくれるので、時間を忘れてついつい長居してしまうはず。

Lakeside Factory
レイクサイドファクトリー

西武新宿線　東伏見駅南口　徒歩4分　練馬区関町北3−46−4

電話 03-3920-2476　営業時間 11:00〜17:00　休 月金土※臨時休業あり
P 無　席 8席(最大)　喫煙 不可　カード 不可　予約 不可

a gourmet of Nerima

肉あんかけチャーハン発祥の地といわれる店

梁山泊

上石神井駅

肉あんかけチャーハン（840円税込）はスープ付き。素朴でシンプルな味わいの卵チャーハンを覆い隠すほど、細切り肉のあんがてんこ盛り！ 上石神井駅と武蔵関駅の中間にあるややアクセス不便な立地だが、この味が忘れられないと遠方に引っ越したお客さんも休日を利用してよく訪れるとか。コの字型のカウンター席からは、どこからでも厨房の様子がわかり、中でテキパキと働く料理人たちの様子は見ていて気持ちがいい。

「青梅街道沿いにあるので、昔ランチ営業していたときは路上駐車がすごかった！」という二代目店主の八木さんの言葉通り、夜の営業のみになっても大繁盛の中華料理店。不動の看板メニューは、客の半数以上が注文するという肉あんかけチャーハン。先代が他店で働いていたときに、同僚の中国人が作った料理からヒントを得て、メニューが誕生したという。「当時は"あんかけ"という言葉が一般的ではなかったので、甘い餡だと勘違いする人もいましたね」。ボリュームたっぷりなのに絶妙な味付けのあんがチャーハンに絡み、ペロリと食べられる。

梁山泊
リョウザンパク

西武新宿線　上石神井駅南口　徒歩13分　もしくはバス停　吉祥寺通り入口　徒歩2分
練馬区関町南3-4-51

電話 03-3928-9284　営業時間 17:30～23:00　休月　P有　席 26席(最大)　喫煙 不可　カード 不可　予約 不可

column.4

月間100万ページビューの
練馬・桜台情報局をチェック！

　練馬区民にとって今やなくてはならない地域情報として、その存在感を増しているのが「練馬・桜台情報局」というサイトである。

　このサイトを運営する伊澤さんは10年ほど前、国分寺から桜台に移り住んだとき、飲食店をはじめとするこの地域のお店をインターネットで探すのに苦労した経験から、せめて自分が行ってみたお店ぐらいは情報として載せてみようと、地域情報をブログ形式で紹介しはじめた。が、思いのほかアクセス数が増え、ブログ形式での情報発信に限界を感じて、サイトとして立ち上げた経緯がある。

　今や、東長崎から中村橋までのお店情報掲載のスピードはナンバー1と言われ、地域サイトとしては驚くほどのアクセス数を誇る。しかしながらこのIT時代でも、情報が一手に集まるわけではない。ましてや個人店が多い練馬区では、すべての情報をIT利用で収集するなどは不可能なことだ。このサイトの裏には、伊澤さんの「足で稼ぐ」情報収集と、独自の情報ルートの構築という努力がある。機敏な取材と独自のネットワークが生み出す情報コンテンツを知ろうと、この地域のお店を探す人やお店を運営する人が毎日アクセスしているのだ。当編集部が取材したお店でも、まずお店に着くとパソコンを開き、このサイトをチェックするとの声も多く聞かれた。

　地域情報のプラットフォームとして、これからもスピードある情報発信を期待したいものだ。

みどりバス 時刻表

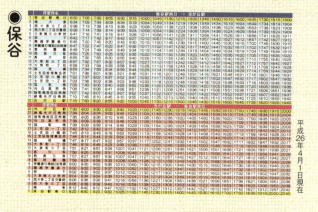

● 保谷

● 北町

5,9,10,11便は、車両通行規制時間等のため北町小学校を通るルートを運行します。練馬北町車庫、北町一丁目、北町一丁目東には停車しません。

平成26年4月1日現在

● 関町

平成26年4月16日現在

● 保谷ルート（保谷駅南口〜光が丘駅）

● 北町ルート（光が丘駅〜東武練馬駅入口〜光が丘駅）

● 関町ルート（関町福祉園〜上石神井駅〜順天堂練馬病院）

● 氷川台ルート（練馬光が丘病院〜練馬駅〜東武練馬駅入口）

● 大泉ルート（大泉学園駅〜大泉学園町五丁目〜大泉学園駅）

● 南大泉ルート
（保谷駅入口〜武蔵関駅南口〜関町福祉園）

大人	子供（小学生）
220円（現金）	110円（現金）
216円（ICカード）	108円（ICカード）

※東京都シルバーパス、Suica、PASMOが利用できます。
※年末年始（12月29日〜1月3日）を除く毎日運行

［お問い合わせ先］
練馬区　都市整備部　交通企画課
TEL:03-5984-1274

掲載店MAP

93

a gourmet of Nerima menu Number

01	中国料理　知味斎
02	焼肉ハウス
03	Foods&Bar Lisbon
04	Hot Pot Kitchen
05	ロマンス食堂
06	肉屋の定食屋　ふくふく食堂
07	海鮮くらぶ　相棒
08	中国料理　茶平
09	CARO
10	とりとやさい梁
11	オードブルハウス　ローズマリー
12	Italiano.
13	Maruyama
14	NERIMA OYSTER BAR
15	おだしや
16	創作料理　MOKO
17	CAFE CASAS
18	palette814
19	トラットリア　サルティンボッカ
20	TRATTORIA da Ishikawa
21	くるみごはん
22	とんかつ　まるとし
23	ローヤル洋菓子店
24	丸栄中華店
25	ゲイタリアン
26	そば二十三
27	Pizzaとお酒　窯蔵
28	巣あな
29	ビストロBonCourage
30	呑屋pig+練馬ぴぐぷらす
31	CAFE ユメゴゴチ
32	タイ風立呑　福道
33	大人の隠れ家　natural cafe goen
34	EnoGastronomia 'tappost' Ciaola
35	石臼挽き ふるまい蕎麦 ふる井
36	玄蕎麦　野中
37	DiningBar AJITO

38	ＢＩＳＴＲＯ１０２
39	Ｓｅｍｐｌｉｃｅ
40	中村橋　天たけ
41	日本料理 味三昧
42	Ｃａｆｅ　Ｒｅｓｔａｕｒａｎｔ　月の風
43	山嘉寿司
44	祭食呑家
45	居酒屋　どんぶり
46	ＬａＶｅｎｔｕｒａ
47	ピッツェリア ヴィーコロ デル ソーレ
48	焼肉問屋 牛蔵
49	焼肉ふじ咲
50	ブラジリアンレストラン　コパ
51	そば処 田中家
52	蕎麦に銘酒 野饗
53	おかしの家 ノア
54	石神井 こねり庵
55	Ｍ‘ｓ　Ｄｉｎｉｎｇ
56	ビストロ・デザミ
57	ビストロ　ティエンヌ
58	海のしずく
59	ｎａｋａｙａｎａ
60	Ｗｉｎｅｂａｒ ＆ Ｋｉｔｃｈｅｎ ＡＣ 上石神井
61	ＣＡＦÉ／ＢＩＳＴＲＯ　ＣＨＥＺ　ＶＯＵＳ
62	たんめん本舗 ミヤビ
63	とんかつ 多酒多彩 地蔵
64	ＢＵＴＣＨＥＲ‘Ｓ　ＴＡＢＬＥ
65	酒蔵　あっけし
66	手打ちうどん 長谷川
67	甘味処 華樓
68	喫茶　アン
69	アルカション
70	そばきり すゞ木
71	キッチンきむら
72	手打ちそば にはち
73	ステーキハウス バッファロー
74	ビストロカフェ　Ｇａｖａ
75	Ｏｓｔｅｒｉａ！　ＢＡＮＺＡＩ
76	Ｒｉｖｅｒ　Ｃａｆｅ
77	Ｌａｋｅｓｉｄｅ　Ｆａｃｔｏｒｙ
78	梁山泊

ねりグル ディープ

ねりグル編集部編

───────────────────────────

２０１５年３月３０日　第１刷発行

デザイン	勅使川原克典
イラスト	やぐちゆみこ
編集人	佐々木　亮
発行人	田中　潤
協力	鈴木恵美
	今直人
	練馬区観光協会
発行所	有限会社 有峰書店新社
	〒１７６-０００５　東京都練馬区旭丘１-１-１
	電話　０３-５９９６-０４４４
	http://www.arimine.com/

印刷・製本所　シナノ書籍印刷株式会社

定価はカバーに表示してあります。乱丁本、落丁本はお取替えいたします。
無断での転載・複製等は固くお断りいたします。

© 2015 ARIMINE, Printed in Japan
ISBN978-4-87045-281-7